汉语知识丛书

汉语句群

吴为章　田小琳

商務印書館
创于1897 The Commercial Press

图书在版编目(CIP)数据

汉语句群/吴为章,田小琳著.—北京:商务印书馆,2000
(2025.7 重印)
(汉语知识丛书)
ISBN 978-7-100-02832-5

Ⅰ.①汉… Ⅱ.①吴… ②田… Ⅲ.①汉语—句群
Ⅳ.①H146.3

中国版本图书馆 CIP 数据核字(1999)第 06639 号

汉 语 知 识 丛 书
HÀNYǓ JÙQÚN
汉 语 句 群
吴为章 田小琳

商 务 印 书 馆 出 版
(北京王府井大街 36 号 邮政编码 100710)
商 务 印 书 馆 发 行
北京虎彩文化传播有限公司印刷
ISBN 978-7-100-02832-5

2000 年 1 月第 1 版 开本 787×1092 1/32
2025 年 7 月北京第 6 次印刷 印张 8
定价:48.00 元

目　录

序

胡 裕 树

《汉语句群》是田小琳和吴为章两位同志合写的专著。1984年，我曾看到过她俩第一次合著的《句群》(上海教育出版社)，那么，现在摆在我面前的这部即将由商务印书馆出版的书稿，该是她们合作的第二个成果了。两位作者在将近二十年间，由于学术的机缘走到了一起，并且真诚合作、锲而不舍地对一个新课题进行探讨，这种情况并不多见。因此，对于写序的嘱托，也就欣然接受了，尽管年岁已经不饶人。

一

《汉语句群》除前言、后记外，正文共六章。与《句群》一书对照，先就目录看，第一章“句群是什么”的第三节“修辞的起码语境”和第四节“话语的重要单位”，第二章“句群的分类”的第二节“句群的功能分类”，第三章“句群的组合和切分”的第一节“句群的组合”，第四章“句群和教学”的第三节“句群和逻辑教学”，第五章“句群和语言研究”，第六章“句群研究的现状”，这些章节都是《句群》所没有的。再就内容看，《汉语句群》不仅讨论句群本体时，在理论的准确概括、知识的系统周密、用例的鲜活典型和分析的深入细致方面，较之《句群》有了很大的发展，而且对《中学教学语法系统提要(试用)》正式公布近十五年来，句群在教学与研究方面的新近情况、丰硕成果，句群和语言教学与研究的相辅相成、密切关系，句群和其他相关学科的相互借鉴、相互促进等等方面，也都作了较为全面、客观的介绍。

《汉语句群》集中体现了两位作者近些年来在句群研究方面的努力和进展。仅从新增的章节看，在篇幅上就占了全书的一半多，在内容上则涉及了语言教学与研究方方面面的新情况。比如，早些年，人们的注意力主要在加快培养书面的读写能力方面，因此《句群》只强调了“语法的最大单位”、“段落的组成材料”。80年代中期以来，随着人们强化口头听说能力愿望的日益迫切，《汉语句群》又从实际出发加以补充，提出了句群是“修辞的起码语境”、“话语的重要单位”，从而丰富和完善了对句群认识。这样一来，句群这一级语言单位不仅在语法学、修辞学、文章学，而且在语义学、语用学、语境理论研究、话语分析研究等等语言学的分支学科或重要课题中就都有了自己应有的位置和价值。句群的这种语言学定位，是两位作者顺应当代语言学发展的趋势（重视口头表达、重视整体构架、重视语用条件、重视动态分析、重视和相关学科的联系）研究句群的必然结果。这对句群研究的全面展开，无疑有着不可低估的促进作用。

《汉语句群》在继续深入观察书面句群时，也十分重视收集口语句群的用例；在分析句群实际用例、构建句群理论体系时，既有细致的分类描写，也有贴切的功能解释。比如，第二章第一节句群的十二种结构关系类型描写过后，第二节又从表达功能的角度对句群进行了细致的分类描写，先区分为三类：主体句群、过渡句群和插入句群；其中，主体句群又细分为六小类：记叙句群、描写句群、说明句群、议论句群、抒情句群和对话句群。在第三章第一节收集和探讨句群的组合方式时，观察的目光遍及语言内外，从中概括出六大类内部接应手段：词语接应、句式接应、辞格接应、音气接应、语意接应和伴随语言接应；每大类又分为三至八不等的小类，应当说是相当详尽的。其中，音气接应提到的六小类是：运用调配音节接应、运用声韵和谐接应、运用平仄相从接应、运用语用停顿接应、运用语调造型接应和运用语速变化接应；伴随语言接应提到的三小类是：运用指点的体态语接应、运用表情的体态语接应和运用非语义声音接应；这些都是从口语交际的角度，并参考一定的非语言表达手段来观察描写和揭示功能的。在第四章第二节讨论句群和语文教学的关系时，也侧重于介绍口语交际中的听说方面，特别是在提高外族人汉语水平、方言地区群众普通话水平方面的情况。

二

田小琳和吴为章都是较早从事句群研究的学者，她俩在80年代初就分别发表过有影响的论文，1984年又合作出版了专著。可喜的是，她们不是浅尝辄止，而是不断探索。在后来十多年里，除了各自陆续发表论文和在所出版的语法教材中列有专章介绍句群知识之外，田小琳曾花费不少时间，从80年代初句群问题讨论时学者们发表的论文中，挑选了50余篇有参考价值的，编成《句群和句群教学论文集》(1986)出版，并在书前发表了《近年来句群研究述评》加以评介，为促进句群研究作出了贡献；吴为章著有《句群与表达》(1988)，开始从书面到口语的全面研究。现在，反映她们这些年工作进展情况的《汉语句群》，又即将和大家见面了。从她们长期跟踪句群运用现状、研究内容步步深入和研究范围日益拓宽上，可以看到一种执著投入、穷追不舍的精神。这种精神是每一个想获得成功的科学工作者必须具备的素质，它是一把金钥匙，特别是当你面对一个新课题的时候。

人们也许会注意到，80 年代初兴起于语法学、章法学和语文教学界的“句群热”，到了 90 年代初已经有了定局：句群教学在提高各种层次、各种类型的语文教学、语言教学质量中的重要作用已经取得共识，许多新出版的语法教材几乎都列有专章专节。这真是值得庆贺的事情。不过，尘埃落定之后，由于相当一部分人转向专注于把理论应用到教学实践中去，一时间难以有更多的新成果诞生，于是，和 80 年代相比，“句群热”明显降温了，讨论句群的专著专论少了，仿佛可以给句群的研究划一个句号了。但是，只要把视野扩大一些，我们也不难看到，除了修辞学界对句群发生兴趣的人有增无减之外，语义学、语用学、话语语言学、计算语言学等等学界的学者，也有不少人开始关注句群研究领域，并且有个别学者已着手把句群研究成果应用到解决本学科的一些难题上。这一切说明，句群是多学科共同感兴趣的语言单位，它需要有多学科的合作研究；句群研究可以依据不同目的从不同角度切入，句群的研究和应用还有许多工作可做，目前的研究和应用只是刚刚开始。令人高兴的是，《汉语句群》第五章“句群和语言研究”所涉及的范围已经不限于语法学、文章学和语文教学界，它摆出了一些值得注意的新动向;第六章“句群研究的现状”除总结当前研究的情况外,也初步预测了未来。

在“句群迷们”经历了一段时间的认真实践、深入思考、拓宽视野、丰富积累之后,《汉语句群》的问世,一定会成为使“句群热”再度升温的一支火把,我们期盼着。

1998年10月

前　言

人类表达思想、感情的手段有多种，其中最常用、最重要的一种就是语言。通常认为，语言中能够表达一个相对完整意思的单位是句子，句子是语言表达的基本形式。这固然不错，但是，人们运用语言的目的是为了交际——交流思想、传递感情，达到相互了解，直至采取相应的行动。因此，在更多的情况下，要表达一个相对完整的意思，只用一个句子是不够的。相反地，在语言运用中，无论是叙述事实、刻画人物、描写景物，还是说明道理、发表议论、抒发感情，人们并不总是把一个意思限定在一个句子之内，而是经常运用由两个或者两个以上的句子组成的语言片段。这就是说，在人们的语言交际过程中，承担交际职能的语言单位，不仅有句子，还有“大于句子的语言片段”，这是客观存在的语言事实。于是，从本世纪初开始，人们就陆陆续续对“大于句子的语言片段”进行了观察研究。到了80年代，就我国的情况看，对这样一个语言单位的研究，已经拥有众多的研究者，并且有一批论著相继问世。迄今，对这一课题感兴趣的，已不限于语法学家和语言教学工作者，而且，这一语言单位的重要作用也越来越多地为各方面的学者所认识和肯定，一个多学科共同关注这一语言单位的局面正在形成。

一　当今的热门话题之一

在我国,"大于句子的语言片段"——句群的研究,不仅与语法学、文章学的发展有关,而且同修辞学、逻辑学的发展,语境理论、话语分析、人机对话的研究,语文教学和第二语言教学等等方面都有着紧密的联系。可以这样说,80 年代以来,句群研究成了众多学科的热门话题。

首先是语法工作者,他们逐渐认识到,在一个句子内判断正误或者理解意义,往往把握不准。有时还会碰到这样的情况:把一个句子孤立起来看,语法上有毛病,不能这么说,但是,把它放到一个大一点儿的语言片段中去,有了上下文的配合,就无可挑剔了,甚至还有可能是恰到好处的表达。与此相反的是,一个个的句子,单独分开来看,都合乎语法,也都表义清晰,但是,把它们组织在一起时,却觉得不那么顺当了,甚至于还可能产生歧义,影响意思的准确表达。这些现象使人们感到,看来语法把自己的研究范围限定在句子以下单位的作法是值得商榷的了。于是,从个别学者、个别专著的零星探讨到终于冲破了传统的束缚,把句群列入了教学语法的系统,作为最大的一级语言运用单位来看待。1979 年,吕叔湘指出:"一般讲语法,到句子为止,句子是最大的语法单位,因此句子只有结构分类,没有功能分类。其实这也是一种老框框。"①这可以说是语法研究冲破传统束缚的理论先声。1980 年,《中学语文教学》杂志组织了有关句群问题的讨论,不少语文

---

① 吕叔湘《汉语语法分析问题》,商务印书馆,1979 年,第 53 页。

杂志也纷纷响应，这则是进一步的理论准备。1981 年 7 月在哈尔滨召开的“全国语法和语法教学讨论会”，其功绩在于使句群这个重要的语言表达单位登堂入室，进入了教学语法体系。接踵而来的，则是一个句群及其相关课题研究的高潮。

再说文章学，历来它的研究对象总是始于自然段、终于完整的篇章；和语法学一样，它也置句群于不顾。许多学者认为，齐梁时代问世的刘勰的《文心雕龙》是我国第一部文章学专著，这部著作在《章句·第三十四》中把语言单位分为字、句、章、篇，并且写道：“夫人之立言，因字而生句，积句而成章，积章而成篇。”这里所说的“章”相当于现在所说的“段落”，或称“自然段”，于是，“积句成章”的“章”——段落是由句子组成的观念，就成了长期以来阻碍文章学家关注句群的一个误区。从 60 年代开始，张志公等大力倡导辞章学的结果，文章学有了较大的发展，语文教学中开始重视探讨“句子与句子之间的关系”，接纳了句群这个由语法学家提出的概念，“积句成章”的传统观念打破了，对段落的研究更为深入和合乎写作实际了。段落的组成成分可以是句子，也可以是句群这一看法的普及，在语法学和文章学之间搭起了一座桥梁，使句群的研究更富有实用价值了。

80 年代开始，我国的修辞学界对修辞学的对象、范围、方法作了认真的探讨。在修辞研究的方法论问题上，有的主张聚合论，有的主张组合论，更多的学者则主张二者相辅相成，因为语言本身就是一个由聚合关系和组合关系构成的双重结构体系。在修辞研究方法论的讨论中，不管持什么观点，大家都认为，修辞研究应当引进语境理论。这也就是主张：判断一个句子的修辞是否得体、一个修辞手段的运用是否好，必须把它们放到一个比它们稍大一些的上下文中去衡量。而这个稍大一些的上下文，在语言中通常就体现为一个句群。从强调“修辞要适合题旨情境”到强调“语境是修辞学的基础”，修辞学家们的眼光也投向了句群，涌现出一批从修辞学角度研究句群的论著。

逻辑学家们对于句群的关注开始得也不晚。就我国的情况来说，1961 年，周礼全在《形式逻辑应尝试研究自然语言的具体意义》一文中就说过：“一个（或一组）语句常常不是孤立出现的，总是有它的上下文，我们把它叫做这个（或这组）语句的语言环境。”[①]1980 年，他又在《边干边学，加强自然语言逻辑的研究》一文中指出自然语言对语境的依赖性，再次强调了“从逻辑的角度研究语词和语句同语境之间的关系也是非常重要的”。[②] 随后，逻辑学界开展了关于语境问题的热烈讨论。有人提出把语境区分为“言辞语境”和“社会语境”，又有人进一步把“言辞语境”再区分为“词组语境”、“句子语境”、“段落语境”、“篇章语境”；在解释“段落语境”时，有位学者明确表示：“我们这里的段落表现为一个句群，它是由两个或两个以上的句子（复句中的分句不算）构成的在形式和内容上与上下文既互相关联而又相对独立的一个语言片断”。[③] 逻辑学家们对语境的研究和对句群的关注，又为句群理论的研究

① 《逻辑问题讨论三集》，上海人民出版社，1962 年，第 693 页。

② 《逻辑与语言研究》，中国社会科学出版社，1980 年第一集，第 2 页。

③ 王建平《语言交际中的艺术—语境的逻辑功能》，求实出版社，1989 年，第 49 页。

和运用开辟了一条宽阔的通道。

从上面谈到的情况中，我们已经看到，语境理论中涉及的“言辞语境”，也称作“语流语境”或“上下文语境”、“显性语境”，它的表现形式，通常是句群。所以，语境理论的提出和发展，是句群研究的巨大推动力，语境理论的提出者、研究者，他们的视线是始终没有离开过句群这个“上下文”的。至于语言学中从“句子的实际切分”发展起来的话语分析，它的主要分析对象，诸如“话对”、“超句统一体”，实际上就相当于我们所说的句群；它在讨论篇章的局部连贯时，实际上讲的就是句子与句子之间的接应问题。由此我们说，话语语言学者的钟爱是属于“大于句子的语言片断”——句群的；正是话语语言学的兴起，推动传统语法学打破研究范围限于句子的局面，带来了句群研究的春天。

也许有人会提出，人机对话与句群研究总该没有什么关系了吧？其实不然。已经有人提出，要叫计算机理解自然语言，就必须给它足够的上下文知识，也就是一定的语流语境；只是对于计算机来说，到底哪些语境因素是必不可少的呢？这正是信息语法工作者目前急于攻克的难题之一。还有人说，第二语言学习者，在很多地方与机器人一样，在语言的生成和理解上，对于语流语境有很大的依赖性。例如“了”字的用法，教科书上规定了几条，看似容易，可是，使用起来，什么情况下要用，什么情况下不用，什么情况下可用可不用，都离不开具体的上下文。因此，国内外从事第二语言教学的有识之士，无不看重句群的教学，无不把句群看作帮助学习者准确掌握目的语用法的最起码的语用环境。

综上所述，可以这么说，句群这个语言表达单位，从一问世就得到众多学科的关注，它是 80 年代以来热门的话题之一。

二　地位特殊的语言单位

人们说话，要发出一连串声音，形成一串串连贯话语；人们写作要写出一连串句子，组成一段段文辞。口头上的一串串连贯话语或书面上的一段段文辞，通常就称为语流。任何语流，无论长短，都可以被人们的听觉器官或视觉器官所感知，并且在为人们所感知的同时，为人们所理解。语流的这种可感知性和可理解性，说明语流不是混沌一片的，而是可以切分为若干大小不同的单位的。如果一个语流单位是一篇文章，那么它至少可以切分为章节＞部分＞（“次篇章”或“片断”）＞段落（自然段）＞句群＞句子＞短语（词组）＞词＞语素（词素）。过去，习惯的做法是语法学研究的语流单位，最大到句子为止，而文章学研究的语流单位，最小的到段落为止；句群长期处于被冷落的地位。如今，一反常态，句群成了宠儿，人们倍加青睐，这是为什么呢？这是因为，在语言的表达（生成）和理解（分析）中，句群具有重要的地位、特殊的地位。

我们说，在语言的表达和理解中句群具有重要的、特殊的地位，这是因为人们在运用语言进行交际时，要表达稍微复杂一点的意思就用得着句群；可以说，人们只要开口说话，动笔写文章，就不能不与句群打交道。当然，如果不考虑语言单位的实际指称、具体内容，那么，一个孤立的句子，还是有意义、可理解的，也就是说，还是可以从语言学的角度进行语义分析和句法分析的。但是,如果要想顺利地完成思想交流,达到真正的相互理解,那么,光用一个个互不相关、各自孤立的句子就不行了。比如,对于“下雨了。”“运动会举行了。”“同学们情绪很好。”“我们年级得了第一名。”这一个个各自孤立存在的句子,我们只是理解它们的抽象意义,并不知道它们的实在指称和真正含义。如果把它们组织在一起,比如说成:“虽然下雨了,但是运动会照样举行。同学们情绪很好,冒雨参加了比赛。我们年级终于得了第一名。”或者说成:“运动会正在举行,突然下起雨来了。大家依旧认真参加比赛。我们年级得了第一名,同学们情绪好极了。”那么,这一组句子想要表达的实在意思就再清楚不过了。对于篇章来说,更是离不了句群这个表达单位,因为,篇章的最小组成单位是自然段,而大多数自然段是由句群组成的。过去,遇到一个意思比较复杂、文字比较长的段落,想把它切分成若干更小的单位以利于教学或理解,这时,常常就用“层次”这个术语来说明。一个复杂的较长的段落中可以切分出若干层次,这就说明“句群”这个单位是客观存在,不是任何人想像出来的;同时也证明“集句成章”是有层次性的,必须有一个专门的术语来指称这种现象。而由于不了解或者忽略段落的构成要素既可以是句子,也可以是句群,句子和句群都是段落的构成成分,结果,在切分一个复杂的、较长的段落时,囿于段落的成分是句子,把一个段落分析得七零八碎、面目全非的情况也并不罕见。所以,为了圆满达到交际的目的,为了充分发挥语言指称客观事物和表达思想感情的功能,人们把注意力集中到句群上来,是很自然的。

从语流的构成来看，句群一头联系着句法，一头联系着章法，是从句法过渡到章法的桥梁，它的这个作用则是别的语言单位难以替代的。语法学的传统观念一方面承认句子是表达单位，另一方面也指出要表达复杂一点的意思，只能倚靠篇章；因此正确的遣词造句找语法，通顺的文章写作归章法，好比铁路警察，各管一段。现在就不同了，有了句群这座桥梁，语法学和文章学、语言教学和写作教学就能携手合作了；在所有大小不同的语流单位中，唯有句群是语法学和文章学共有的单位。固然，单独一个句子可以成段——独句段，但是，它只能是一个过渡段落，不可能成为一个主体段落，尤其不可能单独构成篇章。句群则不同，一个句群就是一个段落，句群和段落重合是常见现象，一个句群就是一篇文章，文章和句群重合也不罕见；由此可见这个语言单位的重要和它在语言表达和理解中的特殊地位。

再从现代语言学的发展趋势来看，它强调在静态研究的基础上发展动态研究、加强动态研究；它要求扩大研究的范围，以微观研究为基础大力发展宏观研究，其中也包括把研究对象从句子扩大到大于句子的单位，等等。正是这一切，促使句群终于破土而出，并且取得了自己为众多学科普遍关注的特殊地位。因此，我们认为，句群研究的兴起和发展，是现代语言学发展趋势的要求，它的未来不可限量；我们希望《汉语句群》的问世，能够对这一课题研究的系统化、科学化作出应有的贡献。

第一章　句群是什么

运用语言交流思想，需要的言辞多少不等。最简单的意思，用一个句子来表达就行；复杂些的意思，用一个句子就不够了，这时候，就需要用两个或者两个以上的句子。比如，描写一种景色往往需要两个或者两个以上的句子：

用例一：(1)也许由于这里的山太高，谷太深，天空太过狭小，连月亮也来得很迟很迟。(2)起初，峡里只能感觉到它朦胧的青光，和黄昏连在一起；而不知在什么时候，它忽然出现在山上。(3)就像从山上生长出来，是山的一部分；像一块巨大的，磨平、发亮的云母石。(4)这时月亮和山的阴影，对比得异常明显——山是墨一般的黑，陡立着，倾向江心，仿佛就要扑跌下来；而月亮，从山顶上，顺着深深的、直立的谷壑，把它那清冽的光辉，一直泻到江面。(5)就像一道道瀑布，凭空飞降；又像一匹匹素锦，从山上挂起。(方纪《三峡之秋》)

上面这段话语由五个句子组成，描写长江三峡中秋时节的月色。(1)猜测三峡月亮出来得迟的原因，(2)写月亮初升时感受到的朦胧青光，(3)描写忽然出现的月亮的形状，(4)通过与山的阴影对比写月色，(5)写直泻江面的月光如万丈飞瀑、如高悬素锦；在这里，必须是五个句子合在一起，对三峡月色的描绘才能达到酣畅淋漓的境界。

上述用例说明，语言运用中“大于句子的语言片段”——句群无处不在，因此，对它进行深入的研究，给它以科学的说明，是十分必要，也是完全可能的。

第一节　语法的最大单位

语法学对句群的研究开始得最早，成果也最为丰硕。多数语法学者认为，在语法学中，尤其是在教学语法体系中，语法单位有五级：语素＜词＜短语＜句子＜句群，句群是最大的一级语法单位。作为语法单位，句群和句子一样，是动态单位、表达单位；作为最大的单位，句群又有哪些特征呢？

一　句群的定义

1984年发表的《中学教学语法系统提要（试用）》给“句群”下的定义是：“句群，也叫句组，或称语段，是前后衔接连贯的一组句子。一个句群有一个明晰的中心意思。”对于这个定义，需要作些说明和补充。下面先看一个用例：

用例二：**1**（1）目前，最大的机器人是美国制造的。（2）1974年曾用它来打捞一艘重4千吨的潜水艇，它的机器手可以把90米长的潜水艇从海底拦腰抱起。**2**（3）最小的机器人用在日本精工手表装配线上。（4）这种微型机器人，如同百货店玩具柜里最小的洋娃娃一般大。（5）它纤细的手臂和灵巧的小手指，十分精确地把一个个机芯装在流水般送来的一只只小手表壳里。**3**（6）我国也生产了机器人，在我国西南原子反应堆上，机器人用那灵活的手，在人们无法接近的核辐射环境中，不知疲倦地处理着核燃料和核废物，工作得十分出色。（汤正华《机器人世界》）

这是一个自然段，包括有六个句子，可以切分为三个语言片段：**1**、**2**、**3**。**1** 由两个句子组成，是一个句群，介绍最大的机器人；**2** 由三个句子组成，也是一个句群，介绍最小的机器人；**3** 只有一个句子，介绍我国机器人生产和使用情况。**1**、**2** 介绍的情况涉及美国、日本，同 **3** 合在一起，我们可以把这个自然段的中心意思概括为：目前，世界上机器人的制造和使用情况。

从上面的用例中，我们看到，句群有如下特点：

（一）从构成成分看，句群是句子的组合，如用例二中的 **1** 是两个句子的组合，**2** 是三个句子的组合；句群是大于句子的语法单位、表达单位。

句群是由句子组合而成的。既是"组合"，就至少必需有两个成分，否则就谈不上组合。因此，在语言运用中，至少必需是由两个句子组合而成的语流单位，才能叫做句群。在用例二中，**3** 只有一个句子，不能叫做句群。在句群问题讨论中，大多数人都同意句群构成成分的下限至少要有两个句子，上限呢？看法就很不一致了。我们赞同句群一般应小于段落，所以，对于用例二，我们依据形式和意义相结合的语法分析总原则，把它切分为三个语言片段。但是，如果换一种看法，即认为句群经常和段落重合，是与段落相当的语言单位，那么，用例二就可能被看作一个包括有六个句子的四重句群，它既是句群也是段落。这里涉及两个问题:一是句群和段落划界的问题,一是如何把一段语流恰当地切分为若干片段——句群或句子的问题。这些我们后面再讨论。

(二)从语义联系看,组合成句群的几个句子之间有紧密的逻辑联系,它们构成一个整体,共同表达一个相对完整而又较为复杂的意思。比如用例二中的1,它由(1)、(2)两个句子组成,两个句子之间有解证关系;(1)说目前,最大的机器人是美国制造的,(2)用它有一次打捞一艘重4千吨的潜水艇时所显示的功能来证明它是最大的。(1)、(2)组合在一起,共同表达了一个中心思想:关于目前最大的机器人的情况。

从用例二的1中,我们看到,句群内的语义联系主要体现为共有一个明确的中心思想。可以认为,对于每一个句群来说,不管由多少个句子组成,都必需共同拥有一个中心思想;正是这个共有的中心思想维系着几个句子之间紧密的逻辑联系,使它们形成一个整体。此外,句群内的语义联系,也通过表现为语法意义的结构关系明确地显示出来,例如用例二中的1,两个句子之间就有解证关系。

(三)从组合方式看,几个句子组合为一个句群,通常运用一定的组合方式。比如用例二中的1,两个句子之间通过运用指代词语"它"连接。又比如2中的三个句子,(3)、(4)之间,借助"最小的机器人"、"这种微型机器人"衔接,(4)和(5)之间也是通过运用指代词语"它"连接。上面说到的组合方式,运用的都是形式手段。有时候也运用意义手段,比如(3)、(4)两个句子的主语都是"机器人",两个句子是话题相同,述题不同,这是运用话题同一来衔接,可以说是一种意合手段。

不过，如果从重复出现关键词语“机器人”看，这个句群也运用了形式手段。由此可见，形式手段和意义手段常常是紧密结合、相互印证的。

在现代汉语中，大多数句群的组合都采用一定的形式手段，这些手段是我们辨认和切分句群的可靠标志，也是我们建立句群理论体系的一个重要内容，应当给予足够的重视。

综合上面谈到的三个方面，我们给句群以如下的定义：

句群是在语义上有逻辑联系，在语法上有结构关系，在语流中衔接连贯的一群句子的组合，是介于句子和段落之间的，或者说是大于句子、小于段落的语言表达单位。在连贯话语中，句群是相对独立的语义—句法单位，它以一定的方式为组合标志，可以从语流中切分出来。

二　句群的特点

国外语言学对于连贯话语的特点有过不少描述。其中，关于篇章的七个构成原则和三个管制原则，前者指衡量一个语段是否可以被认为是个篇章必须满足的条件，后者指有效地运用篇章进行传信的一些条件，这些对于研究句群的特点，颇有借鉴价值。作为连贯话语中一个常见、常用的单位，句群必然具有构成篇章必须满足的条件；因此，句群特点的探究，反过来也可以丰富、充实连贯话语的理论体系。

如我们前面所定义的句群，它具有哪些构成篇章必须满足的条件呢？我们归纳了六条，概括介绍如下：

（一）形式上的前后衔接性

这里指的是句群表层结构的线性连接，也就是指一个句群中的每一个成分之间必须互相有联系。这种联系体现为：第一个句子一般是起始句，它后面的句子是后续句，有时也有终止句或归结句。如果一个句群的几个句子被插入的成分断开，那么，在断续的结合部就要求有明显的接应标志，以维系句群形式上的前后衔接性。

（二）意义上的相对完整性

这里指的是句群深层结构的逻辑联系，也就是指一个句群中的每一个成分，它们所表达的事件或所指称的客体是互相关联的，甚至是同一的；因此它们可以组合并概括为一个包容所有成分的意思在内的更为复杂的、相对完整的中心思想。这种中心思想具有相对自足性、起码信息度和乐意接受性。句群意义上的相对完整性是一个开放的概念，不同的语言使用者有不同的认识，比如有人喜欢信息度低一些，有人则相反，这是很难强求一律的。

（三）语气上的不求同一性

这里指的是句群语气表达的灵动多样。在语法学中，语气指表示叙述、疑问、感叹、祈使等区别的语调变化，是一种语法范畴。每一个句子都有一个也只能有一个语气，因此，可以依据语气给句子划分类型。通常这样划分出来的句子类型就称为“句类”。句群是由句子组合而成的，一个句群至少包括有两个句子，两个句子的句类有时相同，有时不同；遇到由多个句子组成的句群时，它所包括的多个句子，也可能各有各的语气，各自属于不同的句类。对于这种情况，句群是能兼收并蓄的，只要具备组合在一起的条件，每一个句子都可以保留自己原来的语气、句类，并不像句子那样要求统一的语气、属于相同的句类。因此一个句群朗读起来，语调变化多端，情感色彩丰富。而且，就大多数句群看，语气不同似乎更常见一些；至于有的句群，比如运用问答手段组合的“问答话对”，它在语气上的不求同一性则是必要的组合条件之一。

(四)风格上的语域一致性

这里指的是句群构成成分的风格色彩。“语域”是语境诸因素——话语的范围(Field)、话语的语旨(Tenor)和话语的方式(Mode)共同作用所产生的言语变体。按照英国伦敦功能学派的观点，语域是“行动中的语言”，相同的语域有近似的范围目的、近似的角色关系、近似的媒介手段。如果一定要给语域下个定义，那么，我们认为，语域是语言使用中适应一定语境而产生的一种“话语”(或称“篇章”)的“型”(或称“模式”)，相当于语体学的研究对象“功能语体”。几个句子组合为句群时，为了保持形式上的前后衔接性和意义上的相对完整性，无论语气上有多少不同，都必须表现出语域上的一致性。这也就是说，在常规情况下，不可能把体现不同范围目的、不同角色关系或者不同媒介手段的句子混杂在一起凑成一个句群。

(五)表达上的指向中心性

这里指的是句群构成成分的不同作用。有些句群，它的几个句子在语义表达上有中心和支撑的关系。通常是一个(有时也可能不止一个)句子是中心，发挥提出所在句群的中心思想的作用；其他句子是支撑，围绕中心思想展开叙述、说明、描写、论证、抒情。这种有中心句的句群，在语义表达上通常要求它的充当支撑句的构成成分满足“指向中心”的条件，同时，对于中心句自身的概括作用和出现位置也有严格的要求。

(六)组合上的先后有序性

这里指的是句群构成成分的组合顺序。有些句群，也像多重复句那样，不止有一个结构关系，也就是不止有一个层次；这样的句群就叫做多重句群。一个二重句群最少包括有三个句子，三个句子不是在一个平面上同时组合，而要分两次在不同平面上先后组合。比如可能是第一、二两个句子先组合为第二重，再和第三个句子组合为第一重，也可能是第二、三两个句子先组合为第二重，再和第一个句子组合为第一重；组合的先后不同、顺序不同，会产生不同的结构层次、结构关系，构成不同的句群。因此，对于由多个句子组合而成的多重句群来说，成分组合的先后、结构层次的多寡，是大有讲究的，而掌握这一特点对于正确组织和分析多重句群也是十分必要的。而且，我们认为，即使是联合关系的一重句群，也可能由于逻辑事理或语言习惯的制约，而要求有为一般人所能接受的先后顺序。

第二节　段落的构成材料

句群是最大的语法单位，对这一看法并非没有异议。有人就认为，如果说句群属于语法学，段落层次(这里说的段落层次指的是“意义段”)才属于文章学，那么，段落层次又是哪里来的呢？因此主张把句群归属于文章学，并认为这样一来就可以构建起文章学的单位系统：句子＜句群＜小节＜层次＜段落(意义段)＜篇章。关于文章学的单位问题，不是本书讨论的范围，但是，我们主张文章的最小单位应该是自然段。至于“意义段”、“层次”这些概念如何理解，是看做文章结构本身固有的大小不等的单位，还是看做文章分析中用于划分、归纳内容的术语呢，大家的看法也未必完全相同。按我们的想法，“意义段”、“层次”在分析文章的大小各级单位时，都是常用的术语，如果把它们看做文章的相对稳定的一级单位似乎不容易划分清楚。因此，我们认为，文章的单位由小到大可否大致划分为：段落（自然段）<部分（片断）<节<章<篇；而句群和句子都只是构成段落（自然段）的材料，都不是文章的单位，尽管它们和自然段有重合的时候，也就是它们有独立成段的时候，但是并不等同于段落。我们不妨来看看一篇短文的分析：

夏元明《秧鸡》

（一）夏日乡居，有机会看到秧鸡。

这是一个独句段，句子和段落重合。

（二）水田漠漠，绿树荫荫，油油的禾苗之间，“嘎嘎”地叫了，那便是秧鸡。

这是文章的第二自然段，也是一个独句段，句子与段落重合。

（三）(1)悄悄走上前去，不是路，而是窄窄的长满青草的田埂。(2)“嘎嘎”声近了，清晰了，脆脆的，叫人怜爱。(3)弯下身子，便见一只秧鸡了。

这是文章的第三自然段，由一个包括有三个句子的连贯句群组成。这里，句群和段落重合。

（四）**1** (1)小秧鸡比鸡雏还要逗人爱。(2)灰黑灰黑的，只拳头般大小，一身绒绒的羽毛，仿佛呵口气就能让它飞起来。(3)两条腿,细细的,长长的,负不起体重似的,微微颤抖着。(4)特别好看的是一对眼睛,漆黑,像两颗围棋子,只是更小,更小。**2** (5)看着这对黑而透明的眼睛,你会想起醉人的春夜,想起活泼顽皮的孩子,想起一切善良美好的事物。(6)你禁不住为它感动,隐隐地生出一缕柔情。

这是文章的第四自然段,包括有六个句子,可以切分为两个句群:**1**、**2**。这里,段落大于句群,段落由两个句群组成。

(五)(1)不知为什么,这小东西要“嘎嘎”地叫个不休。(2)它伸着脖子,眼睛东瞧西瞄,小黑嘴一张一合,仿佛寻找着什么。(3)人来了,它并不躲避,还是时走时停地叫。(4)它是在找妈妈吗?

这是文章的第五自然段,由一个包括有四个句子的三重的解证句群组成,叙述由小秧鸡的叫声引起的猜想。这里,句群与段落重合。

(六)(1)你被这叫声搅乱了心思,眼泪都快流出来了。(2)也许它是一只孤雏吧?(3)想起在妈妈怀中的温暖,所以叫得如此凄凉!(4)于是你动了爱怜之心,走上前去,用双手捧起它来,想带回去喂养。(5)可是它挣扎了,小翅儿不停地煽动,“嘎嘎”声更高了,更急了,带着一丝惶恐。

这是文章的第六自然段,由一个包括有五个句子的四重的转折句群组成,叙述由小秧鸡的叫声引起的想法和行为。这里,句群与段落重合。

(七)**1** (1)还是放下吧,你有什么办法给予它幸福呢？(2)喂它小虫？(3)它不吃，尽叫。(4)让鸡雏给它作伴？(5)它不乐意，躲在门旮旯里叫。**2**(6)还是让它去吧，即使失去了母亲，那清凉的朝露，那湿润的空气，也能够使它长大。(7)再说，也许妈妈还在，只不过出了次远门。(8)如果妈妈找不到孩子，那该要怎样地伤心呢？

这是文章的第七自然段，包括有八个句子，可以切分为两个句群：**1**、**2**。这里，段落大于句群，段落由两个句群组成。

(八)**1**(1)这不，那边稻禾里也“嘎嘎”地叫起来了，声音略老一些，莫非是妈妈在唤它？(2)快放下它，让它去。(3)它去了，伸着两只小翅，欢叫着跑去了。**2**(4)看不见母子团聚的欢欣，只见泥地上印着一个又一个的“个”字。

这是文章的第八自然段，也是最后一个段落。这个段落包括有四个句子，可以切分为一个句群和一个句子：**1**、**2**。这里，段落由句群和句子组成，段落大于句群。

《秧鸡》全文共有八个自然段。第一自然段为开头，第二到第八自然段为正文，可以划分为两个部分。第二至第四自然段为第一部分，叙述循声见到秧鸡的情况。第五至第八自然段为第二部分，叙述由“嘎嘎”不休的叫声引起的一连串情感波动和具体行为。第八自然段的最后一个句子为文章的结尾，作者没有让它独立成段，是因为在内容上它和上文紧密相连。

从上述短文的结构分析中，我们看到：段落可以只由一个句子组成，比如上述短文中的(一)、(二)；可以只由一个句群组成，比如(三)、(五)、(六)；可以由两个或者两个以上的句群组成，比如(四)、(七)都是由两个句群组成的段落；可以由句群(一个或者一个以上)和句子(通常是一个，也有可能一个以上)组成,比如(八)就是由一个句群和一个句子组成。我们认为,只有一个句子的段落当然不是句群;由句群和句群,或者句群和句子组成的段落则是文章的基本单位,它大于句群;句群只有在一种情况下,即当一个段落只有一个句群时,它才在形式上与段落重合;因此,我们说句群是段落的构成材料。

作为段落的构成材料,句群和段落的主要区别概括如下:

(一)在一般情况下,句群通常小于段落。有时,人们也会运用强调分段的方法把一个句群书写成几个段落,比如刘湛秋《雨天的歌》最后的四个自然段,每段都只有一个句子:

> 雨,春天的淡蓝色的雨啊!
>
> 它轻轻地轻轻地流过人们的心田。
>
> 像醇酒一样的浓烈。
>
> 像甘露一样的清凉。

在这种情况下,我们得承认,这四个段落应看作一个句群,这时,句群大于段落。当然,这种情况是不多的,而且,一般都是出于表达的需要,或突出语意重心,或抒发强烈感情,或渲染某种气氛,或使连续对话的间隔分明。

(二)从书写形式看,段落有换行的标志,一个段落开始,总是另起一行,后退两格书写。句群没有这种书写要求。

(三)从表达的内容看,段落的容量比句群大得多,意思也复杂得多。段落是文章的最小组成成分,表达了作者思路的一个步骤,而这个步骤的展开,则依赖于组成这个段落的句子或句群,而多数情况下是句群。因此,一个段落的完整性和连贯性,与句群的组织情况密切相关,从这个角度看,把句群与段落区别开来不光是语法研究的需要,也有助于章法研究。

第三节　修辞的起码语境

已经有一些论著开始从修辞角度探讨句群，涉及的主要是句群中的修辞现象。比如，一个句群的几个句子都采用了比喻手段，是比喻句群；都采用了夸张手段，是夸张句群，等等。本书把这种现象放在句群的组合方式中讨论，我们认为，运用某一修辞手段把几个句子组合成句群是常见的方式，并不亚于句式的接应。我们这里要讨论的主要是，引进句群这个概念对于修辞研究和修辞鉴赏的作用。

现代修辞学认为，语境是修辞学的基础，注重语境，运用语境来说明修辞现象应当是修辞活动的第一原则。一般认为，语境可以分为非语言的和语言的两种；非语言的主要指社会环境和自然环境，语言的主要指上下文。上下文一般指一句话的前一句话和后一句话，也可以指一段话的前一段话和后一段话；无论在书面还是在口语交际中，这种语境都是显现的语境，是参与者双方都直接能把握的。修辞要考虑语境当然不限于语言的上下文；但是，不容否认，从听话人角度看，他理解话语时，首先接触到的语境是上下文，对于修辞学者来说，他评价修辞优劣，最为直观的依据是上下文，因此，不防先把牢这一关，把它运用起来。而我们认为这种显现的语境，它的表现形式最小也应该是一个句群，它是修辞研究和修辞鉴赏的起码语境，它对于修辞活动至少有如下作用：

(一)制约修辞方法的选择

修辞的方法包括词语的选择，句式的选择和锤炼，辞格的运用以及语音要素的运用。任何修辞方法的运用其目的都是为了使语言表达确切、生动，因此，从总体看，离开特定的语言使用环境，任何修辞方法都将难以发挥其效果、实现其目的。何况有些修辞方法，如排比、对偶、反复、顶真、双关、拈连、拟人等等，如果没有一定的上下文，有时就难以产生。日本学者西槙光正认为：任何语言活动都是以一定的语境为其条件的，绝无例外。没有语境，就无所谓语言。不讲语境，便谈不上什么语言研究。我们认为，这一看法对于修辞方法的选择来说，的确是绝无例外的。

（二）解释修辞方法的依据

在修辞研究中，对同一修辞现象产生不同的认识从而争论不休的情况，时有发生。比如，关于鲁迅《故乡》中的“圆规”，是比喻还是借代，就曾耗费过一些笔墨。其实，如果考虑到语言的运用和修辞方法的选择都受一定语境的制约，那么，对于《故乡》中出现的两个“圆规”，只要联系它出现的上下文，应该是不难确定它们的归属的。又比如对于曹植的《七步诗》，有人只看到它运用了比喻的修辞手段，只说它“以萁豆相煎比喻兄弟相残”，没有进一步考虑，在萁豆相煎比喻的上文制约下，下文的“本是同根生，相煎何太急”是一个运用得恰到好处的语义双关。我们认为，上下文不仅有助于修辞方法的确认，而且许多看似平常的语言现象，在一定的上下文中还很可能构成某种修辞方法，或者产生某种新的修辞方法。

（三）明确修辞方法的语义

语境理论研究者主张，词语的意义、语句的语义，只有在一定的语境下才有可能确定。接过这一观点，不少修辞学者提出，要理解被选用的某一修辞方法所表达的“用意”——既包括概念意义，也包括“言外之意”，就必须考虑语境因素。尽管概念意义是字面义，但是，遇到多义现象时，孤立地看待就难以消除多义作确定的理解；至于“言外之意”一般都是语境义，自然更依赖语境。所以，没有起码的语境，就连修辞的基本“用意”也很难准确理解。

(四)检验修辞方法的效果

修辞方法多种多样，相同的修辞内容可以用不同的修辞方法表达。在具体运用中，哪种好，哪种不好；哪种合适，哪种不合适；离开语境就无从判别。所以，不少学者都主张，在语境制约下，至少必须是在最小的上下文中，讨论语言的得体与否，讨论语言的美与丑。

当然，语境不应限于上下文，更不应限于句群这一上下文。我们提出句群是起码的语境是因为它不仅是词语的上下文，也是句子的上下文；同时，它比起其他语境因素——大于它的话语单位和非语言的语境来说，也是最易辨识和最可把握的。如果我们连它也利用不好，又何必奢谈其他呢？

第四节　话语的重要单位

现代语言学中新兴的话语语言学，也称篇章语言学，它的研究对象各家的认识不尽相同。范围小一点的主张，话语语言学的研究对象是连贯话语；范围大一些的主张，话语语言学是一门话语信息处理的科学，它的研究对象除了连贯话语之外，还有人们的交际活动、交际决策以及由此而产生的与话语的生成（表达）和理解（分析）有关的逻辑学、心理学等现象。不过，尽管在研究对象问题上大家看法不同，但是都共同提到话语语言学的研究对象之一是连贯话语，而且对连贯话语的认识也比较一致。各家都认为，所谓连贯话语是指任何书面的或口头的在内容（语义）和形式（结构）上组合成为一个整体的前后衔接的连贯文字或言谈；连贯话语一般是大于句子的语言单位，因而也叫做"超句统一体"。对于"超句统一体"，一般认为它的构成成分以至少有两个句子为下限，上限呢？有的主张小于自然段，最大到自然段为止；有的主张不仅可以包括自然段，而且可以直至篇章。但是，从实际操作看，大多数学者研究、分析时所使用的"超句统一体"很少大于段落；举例用的"篇章"也多数是由几个句子或"超句统一体"组成的微型篇章。由此可见，"大于句子小于段落的超句统一体"——相当于我们所说的句群，是话语语言学的各家各派共同看重的研究、分析单位。所以我们说，句群是话语的重要单位，是话语语言学首先接触、务必研究的重要单位。

句群之所以成为话语语言学研究的重要单位，是因为它比起话语语言学的其他研究对象来说有如下的特点：

（一）是有明确界限的单位

对于话语语言学来说，要研究的对象很多。就信息传递来看，只有句子和句群在内容和形式的结合上有相对明确的单位界限，因而较易把握，也有可能建立一套具体的研究方法；其他对象，诸如语言环境、人际关系、体态语等等非语言手段所能表达的信息，就很难有什么内容和形式相结合的明确的单位界限，不仅把握起来有一定的难度，而且也难以为它们制定出具体的研究方法。而实际上，后者的研究又往往是要以前者的研究为基础的。

（二）是话语的最起码形式

话语语言学家把话语分为独白和对话两种基本类型，他们认为，对话型的话语是由话轮构成的，话轮是对话的最基本的结构单位。话轮有两个含义：一指轮番说话（turn-taking），即交际过程中发话人的轮流替代，发话人甲由发话人乙替代，发话人乙又由发话人甲或者丙替代，由此类推；在这一意义上，话轮指对话过程中成为说话人说话的机会的某一时刻。话轮的另一个含义指一番话（a turn），即语言交际中每一个发话人所讲的“一番话”；在这一意义上，话轮是对话的最小单位。我们认为，在一次交际过程中，最少应有甲、乙两人参与，如果说每人只发一次话，每次只说一句话，一问一答；仅这样也会有两个句子，由它们组成的话语单位，即话语语言学所说的“话对”，其实就是一个问答句群。由于人们在生活中总要和人交往，因此语言运用中对话型的话语是更常见的，而我们认为，即使是独白，也不会只说一句话；所以，句群是话语的最起码形式。

（三）是能提供决策的框架

话语语言学的目标随着它的长足发展而越来越宏大了，它以语言信息的处理为己任，力图揭示话语的生成、理解和预测的规律。要达到这个宏大的目标，就必须建立一系列可以提供解释和检验的框架。就目前的情况看，句群不失是一个提供生成、理解和预测话语的可行框架。

也许正是由于上述原因，话语研究开始之日、话语语言学萌芽之日，也正是大于句子的单位进入科学殿堂之时、句群研究兴起之时。

第二章　句群的分类

现代语言学认为，聚合和组合是语言系统中两种根本的关系，语言这个分层装置正是依靠它们来运转的。作为语法单位之一，句群的运转也离不开聚合和组合这两种关系。这一节先谈聚合关系。

按照瑞士语言学家德·索绪尔的看法：在话语之外，各个有某种共同点的词会在人们的记忆里联合起来，构成具有各种关系的集合；这种基于某种共同点、由心理联想构成的集合，是语言系统中聚合关系的存在形式。因此，聚合是依据语言单位的同一性或差别性，借助联想类比进行分类的方法；这种分类方法适用于语言的各级单位。作为语法的最大单位，句群也因分别具有某种共同的特点而聚合成类。比如，从结构关系上看，组合成为句群的句子之间有种种逻辑意义联系，因此，可以依据结构关系来给句群分类。又比如，从结构方式上看，有关联组合的句群和直接组合的句群；从表达功能上看，有主体句群、过渡句群和插入句群；从结构层次上看，有一重句群和多重句群，等等。此外，还有人分别从语气上、从有无中心句上、从思维方式上等方面去寻求句群的同一或差别，从而给句群分类。在众多分类依据中，我们主要采用结构关系、表达功能和结构层次这三个标准来给句群分类。

第一节　句群的结构分类

据我们的观察，句群的内部结构分类和复句的内部结构分类大同小异，这说明汉语各级语言单位在内部结构关系上有较多的一致性。因此，可以类比复句的分类来给句群分类，并尽可能在类型上、术语上求同存异。这样做，读者不仅能尽快掌握复句和句群的"同"，体会汉语语法的简明性，而且能充分注意复句和句群的"异"，领略不同单位的特殊性。

下面列举十二种结构分类只能说是句群常见的类型。

一　并列关系

句群中两个或几个句子之间有并列结构关系。并列句群的使用频率较高，特别是在议论文和说明文中。

并列关系的句群，或直接组合，或关联组合。常用的关联词语可分为两类。一是单用的：同时，同样，与此同时，另外，(在另)一方面，此外，除此以外，也，还有，相反，恰恰相反，等等；一是成对使用的：一方面……一方面，首先……其次……最后，先说……再说，上面……下面，第一……第二……第三，一……二……三，等等。

用例一：(1)对于一个在北平住惯的人，像我，冬天要是不刮风，便觉得是奇迹；济南的冬天是没有风的。(2)对于一个刚由伦敦回来的人，像我，冬天要是能看见日光，便觉得是怪事；济南的冬天是响晴的。(老舍《济南的冬天》)

用例二：(1)我们的门前修了暗沟，院后要填平老阴沟，一福。(2)前前后后都修上了大马路，二福。(3)我们有了自来水，三福。(4)将来，这里成了手工业区，大家有活作，有饭吃，四福。(5)赶明儿个金鱼池改为公园，作完了活儿有个散逛散逛的地方，五福。(老舍《龙须沟》)

用例一由两个二重并列复句组成并列句群，表达了作者对济南冬天的感受。(1)、(2)之间算得上是散文中整齐的对偶，把北平和伦敦对照着说，最终落实到描写济南的冬天。用例二由五个句子组成，用序数词“一、二、三、四、五”关联，并列关系十分清楚。

二 连贯关系

句群中两个或几个句子之间有连贯结构关系。连贯句群也是使用频率较高的句群之一，特别是在记叙文和日常口语中。

连贯句群最能体现所陈述的事件之间的前后衔接关系，是表达具有时空顺序的事物时常用的语言形式之一。连贯句群常用的组合手段有运用时间词语、处所词语或关联词语。常见的关联词语，单用的有：就，又，便，于是，接着，紧接着，紧跟着，然后，至于，下面，等等；成对使用的有：上面……下面，首先……其次……最后，先说……后说/再说，等等。运用上述成对的关联词语时，表达的是并列关系还是连贯关系，需要借助其他因素，比如，参考具体表达的语义，或能否用其他组合手段替换等来辨析。连贯句群也常采用顶针句式组合。

用例三：(1)刘邦建都长安，史称西汉，两汉从公元前

202年到公元9年。(2)两汉政权被王莽篡夺,王莽建立了“新朝”,不久又为起义军和豪强地主军队所推翻。(3)刘氏宗室刘秀击败各路军队在洛阳称帝重建汉朝,史称东汉。(4)东汉从公元25年到公元220年。(苏叔阳《我们的祖国叫中国》)

用例四:(1)在这幽静的湖面上,唯一活动的东西就是天鹅。(2)天鹅的洁白增添了湖水的明静,天鹅的叫声增添了湖面的幽静。(碧野《天山景物记》)

用例三是句群与段落重合的例子,四个句子依据时间顺序,以西汉到东汉两个朝代先后更替的兴衰过程来承接;四个句子之间都是连贯关系。用例四两个句子语义蝉联、不能颠倒次序,运用顶针句式组合最为恰当不过。

三 递进关系

句群中两个或几个句子之间有递进结构关系。在议论文中,递进句群的使用频率较高。

递进句群中的句子,通常是后面的句子在程度、范围、时间或数量等方面又进了一步。递进句群一般要用关联词语来表明,常见的有:而且,并且,并,也,还,更,甚至,甚或,甚至于,甚而至于,何况,况且,等等。关联词语“不但……而且”用来组合递进关系复句,是极为常见的,但是,却不能用来组合句群。组合递进句群的关联词语一般出现在后面的句子中,常见的位置是句首或主语前。递进句群也用相互间有递进关系的同一句式来组合。

用例五:(1)自己因为一向看到的菱角都是两个角

的，就以为天下的菱角都是两个角的。(2)而且连人们早已调查出来的菱角的各种状态都不知道。(秦牧《菱角》)

用例六：(1)当你在积雪初融的高原上走过，看见平坦的大地上傲然挺立这么一株或一排白杨树，难道你就只觉得它只是树？(2)难道你就不想到它的质朴，严肃，坚强不屈，至少也象征了北方的农民？(3)难道你竟一点也不联想到，在敌后的广大土地上，到处有坚强不屈，就像这白杨树一样傲然挺立的守卫它们家乡的哨兵？(4)难道你又不更远一点想到，这样枝枝叶叶靠紧团结，力求上进的白杨树，宛然象征了今天在华北平原纵横决荡、用血写出新中国历史的那种精神和意志？(茅盾《白杨礼赞》)

用例五在第二个句子的句首有表示递进关系的“而且”，是一个递进句群。用例六的四个句子都是反问句式。其中，(1)的句首有“当……”结构充当的表示时间的全句修饰语，从整个句群的内容看，这个修饰语的管界一直延伸到它后面的三个句子；因此，可以判定它们和(1)结合为整体，同属一个句群。句群中四个反问句对白杨树所作的礼赞，从树到北方的农民、家乡的哨兵，直至中华民族的精神；褒扬的程度由轻到重、对象由具体到抽象，整个句群所表达的激情也得到步步推进、层层升华。

四　选择关系

句群中两个或几个句子之间有选择结构关系。选择可以是二者择一，也可以是多者择一；可以是任意选择，也可以是特定选择。各种选择关系的小类，它们的差别主要体现在关联词语不同或可共选择项目的多少方面。选择句群主要采用关联词语组合，成对使用的有：是……还是，要么……要么，或者……或者；单用的有：或者，要不，其中，特别是，尤其是，等等。

用例七：(1)在报纸的头条标题吗？(2)还是香港的谣言界里？(3)还是傅聪的黑键白键、马思聪的跳弓拨弦？(4)还是安东尼奥尼的镜底勒马州的望中？(5)还是呢？(6)故宫博物院的壁头和玻璃橱内，京戏的锣鼓中、太白和东波的韵里？(余光中《听听那冷雨》)

用例八：(1)在绘画领域，突出的标志是出现了以世俗生活为中心的风俗画，佳作层出，影响非凡。(2)其中，最杰出、最具有代表性的作品，就是张择端的《清明上河图》。(王心淇《清明上河图》)

用例七是一个由六个句子组合而成的二重选择句群，这个句群的第二重在(5)(6)之间。句群第一重的五个组成成分都采用"还是"连接，是多者择一的选择关系。组成这个句群的句子都采用内部结构大致相同的疑问句式，这也表明它们是一个整体，有很明显的篇章性特征。用例八的两个句子用"其中"组合，这是一个特定选择句群。"其中"承上指代宋初以来出现的"风俗画佳作"，其后是从中特地选出的最杰出、最具有代表性的作品《清明上河图》。

五　总分关系

句群中两个或几个句子之间有总分结构关系。"总"指综合在一起概括地总说，"分"指分别开来作具作说明。在论述道理、说明事物时，都用得着这种叙述方法。因此，复句、句群、段落、部分、章节或篇章中，都不乏总分关系的结构；句群以上的尤为多见。总分关系依据"总说"出现的位置可以分成三种小类：总—分、分—总、总—分—总。总分句群经常用关联词语，数量词语组合。通常用于总说的关联词语是：总之，总而言之，总起来说，总起来看，归根结蒂；用于分说的词语是：首先……其次……再其次。总说和分说都用数量词语时，一般有明显的数量照应。总分句群还经常运用"(有)的"字结构，或重复关键性词语的手段来组合；分—总式句群的总说，其句首常有指示代词"这"，要注意它与解证句群的区别。

用例九：(1)他们是全国人大常委会中唯一的一对夫妇。(2)薛暮桥是我国著名的经济学家，他的经济理论对于指导新中国的建设和经济体制的改革起到过重要的作用。(3)罗琼则是一位妇女活动家和理论家。(记录片《半个世纪的爱》解说词，中央电视台)

用例十：(1)去年"一二·一"昆明青年学生为了反内战，遭受屠杀，那算是青年一代献出了他们最宝贵的生命！(2)现在李先生为了争取民主和平而遭受了反动派的暗杀，我们骄傲一点说，这是像我们这样大年纪的一代，我们的老战友，献出了最宝贵的生命！(3)这两桩事发生在昆明，这算是昆明无限的荣光。(闻一多《最后一次的讲演》)

用例九是由三个句子组成的"总—分"式二重句群，第二重在(2)(3)之间。(1)为总说，句中有表示总说的"数—量—名"结构“一对夫妇”，(2)、(3)为分说，分别介绍丈夫“薛暮桥”、妻子“罗琼”，与(1)的“一对夫妇”照应组合。用例十是由三个句子组成的“分—总”式二重句群，第二重在(1)、(2)之间。(3)为总说，句首用“这”指代分说中提到的事情，同时也运用表示总说的数量词语“两桩事”把三个句子组合为一个句群。

上述两例是总分句群中最常见的小类。下面再举两例：

用例十一：(1)在人类历史以前，就有三种桥。(2)一是河边大树，为风吹倒，恰巧横跨河上，形成现代所谓“梁桥”，梁就是跨越的横杆。(3)二是两山间有瀑布，中为石脊所阻，水穿石隙成孔，渐渐扩大，孔上面层，磨成圆形，形成现代所谓“拱桥”，拱就是弯曲的梁。(4)三是一群猴子过河，一个先上树，第二个去抱着它，第三个又去抱第二个，如此一个个上去连成一长串，为地上猴子甩过河，让尾巴上的猴子抱住对岸一棵树，这就成为一串“猿桥”，形式上就是现代所谓“悬桥”。(5)梁桥、拱桥和悬桥是桥的三种基本类型，所有千变万化的各种形式，都由此脱胎而来。(茅以升《桥话》)

用例十二：(1)中国人的主食，以大米和面粉为主。(2)南方人喜欢吃大米以及用米粉做的东西，比如米饭、年糕等。(3)北方人喜欢吃面食，比如馒头、烙饼、包子、花卷、面条、饺子等。(王顺洪《中国概况》)

用例十一是由五个句子组成的“总—分—总”式二重句群，第二重在(2)、(3)和(4)之间。(1)和(5)都是总说桥有三种基本类型，前一个总说着重从数量上概括，后一个总说着重从形态上归纳。(1)、(5)前后两个总说与(2)、(3)、(4)组成的表示分说的并列分句群构成总分句群，五个句子之间运用数量词语照应组合。用例十二是三个句子组成的“总—分”式二重句群，第二重在(2)、(3)之间。这个句群运用具有上下位意义关系的词语组合：总说里用“中国人”，分说里分别用“南方人”、“北方人”照应；总说里概括说“大米和面粉”，分说里分别列举这两种粮食制作的食品。

从用例中可以看到，总分句群一般都包含两个关系、两个层次，通常至少是一个二重句群，其第二重一般常是一个并列分句群。

六 解证关系

句群中的两个或几个句子之间有解证结构关系。一般是后面的句子解释、说明、补充、限制前面的句子。解证句群依据后一个句子的具体内容，可以分出种种小类：说明性的、引申性的、例证性的、注释性的、补充性的、结论性的，等等。解证句群在说明文中运用极其广泛，议论文中也很常见。解证句群常用关联词语组合，常见的有：像，如，例如，比如(说)，举例说，据说，这就是说，也就是说，换句话说，用同志们/大家/通俗的话来说，那就是(说)，所谓，意思是(说)，可以说，当然，总之，总而言之，等等。解证句群也运用语意来接应。这时，往往会伴随有词语重复的现象；如果从形式上看，又可以看作运用反复辞格，或运用重复关键性词语。

用例十三：(1)大家都知道，泰山上有一个快活三里。(2)意思是在艰苦的攀登中，忽然有长达三里的山路，平平整整，走上去异常容易，也就异常快活，让爬山者疲惫

的身体顿时轻松下来，因此名为“快活三里”。（季羡林《牛棚杂忆》）

用例十四：(1)“天龙八部”这个名词出于佛经。(2)许多大乘佛经叙述佛向诸菩萨、比丘等说法时，常有天龙八部参与听法。(3)如《法华经·提婆达多品》：“天龙八部、人与非人，皆遥见彼龙女成佛”。(4)“非人”是形貌似人而实际不是人的众生。(5)“天龙八部”都是“非人”，包括八种神道怪物，因为以“天”及“龙”为首，所以称为“天龙八部”。(6)八部者，一天，二龙，三夜叉，四干达婆，五阿修罗，六迦楼罗，七紧那罗，八摩乎罗迦。（金庸《关于〈天龙八部〉》）

用例十三是说明性的解证句群，两个句子用关联词语“意思是”连接；(2)对(1)中“快活三里”的由来作了详细的说明。用例十四是由六个句子组成的注释性的四重解证句群，(1)提出“天龙八部”这个佛学术语，后面的几个句子围绕这个术语层层释义，解释了“天龙八部”的出处与内涵。组成句群的句子之间主要采用重复关键性词语组合的手段，比如，第一重(1)和(2)至(7)之间重复“佛经”；第二重(2)、(3)和(4)至(7)之间重复“天龙八部、非人”，组合为注释（下定义）性解证分句群；后一个第三重(4)和(5)、(6)之间重复“非人”，组合为连贯分句群；第四重(5)、(6)之间重复“八部”，组合为最小的说明性解证分句群。前一个第三重(2)、(3)之间，运用关联词语“如”组合为最小的例证性解证分句群。

七 因果关系

句群中的两个或几个句子之间有因果结构关系。因果句群从因、果出现的顺序看，可以分为两小类。一是“因—果”式，通常在后面的句子里使用单个的关联词语表示结果，常见的有：因此，所以，其结果，看样子，由此看来，正因为如此，等等。一是“果—因”式，也在后面的句子里使用单个的关联词语表示原因，常见的有：因为，是因为，就因为，原因是，这是因为，由于，等等。从逻辑语义看，因果句群也和因果复句一样，可以分为说明因果和推论因果两小类。

用例十五：(1)从中国目前的情况看，喝白酒的人在逐渐减少，喝啤酒的人在逐渐增多。(2)因白酒浓烈，需要有比较强的适应性，啤酒度数浅，一般人都能喝，起一半饮料作用。(3)因此，近些年来，中国的啤酒生产发展迅速，已成为世界上高产啤酒的大国。（王顺洪《中国概况·中国的习俗》）

用例十五是由三个句子组成的二重因果句群，第一重在(1)、(2)和(3)之间，是“因—果”式句群，(3)中有关联词语“因此”表示结果。第二重在(1)、(2)之间，是最小的“果—因”式分句群，(2)中有关联词语“因(为)”表示原因。

用例十五是说明因果的句群。下面的用例则是推论因果的：

用例十六：(1)愈是古远的时代，人类的活动愈是受自然条件的限制。(2)特别是那些还没有定居下来的骑马的游牧民族，更要依靠自然的恩赐，他们要自然供给他们丰富的水草。(3)阴山南麓的沃野，正是内蒙西部水草最肥美的地方。(4)正因为如此，任何游牧民族只要进入内蒙西部，就必须占据这个沃野。(翦伯赞《内蒙访古》)

用例十六是由四个句子组成的三重“因—果”式句群。第一重在(1)至(3)和(4)之间，前面摆出原因和据以判断的事实，后面说明推论的结果；(4)中有关联词语“正是因为如此”表示依据前因可以推论的后果。

八　目的关系

句群中的两个或几个句子有目的结构关系。目的句群通常在后面的句子里单个使用关联词语，表示实现目的的方式或手段的有：为此；表示目的的有：为的。采用问答形式构成的目的句群，前后句子里经常配对使用特殊的词语连接，常见的有：为什么……？为的是，为的是什么？……就为的(/是为了)，目的是为了什么？……是为了。

用例十七：(1)在前面开创新局面的各项任务中，首要的任务是把社会主义现代化经济建设继续推向前进。(2)为此，党实事求是地确定了我国经济建设的战略目标、战略重点、战略转移步骤和一系列正确方针。(胡耀邦《全面开创社会主义现代化建设的新局面》)

用例十八：(1)我们大家辛辛苦苦为的是什么？(2)就为的一个心愿：要把死的变成活的；把臭的变成香的；把丑的变成美的；把痛苦变成欢乐；把生活变成座大花园。(杨朔《京城漫记》)

用例十七是目的在前的句群，后一个句子有表示实现目的的方式或行为的关联词语“为此”。用例十八是目的在后的句群，两个句子一问一答，前后用“为的是什么？……就为的”关联组合。

九　条件关系

句群中的两个或几个句子有条件结构关系。条件句群通常要借助关联词语，才能清楚显示句子之间的种种条件关系，一般是在后面的句子里使用。和复句一样，条件句群也可以分为必要条件、惟一条件和无条件关系等类别。条件句群常用的关联词语有：才，就，不管，这样，只要这样，只有这样，除非这样，除非如此，等等。

用例十九：(1)无论准确也好，鲜明、生动也好，就语言方面讲，字眼总要用得恰如其分。(2)这样，表现的概念才会准确，也才能使人感到鲜明。(郭沫若《关于文风问题》)

用例二十：(1)没有辫子，该当何罪，书上都一条一条明明白白写着的。(2)不管他家里有些什么人。(鲁迅《风波》)

用例二十一：(1)只有把那种坏的、不好的偏向去掉，正风才能建立起来。(2)才能造成又有集中又有民主，又有纪律又有自由，又有统一意志、又有个人心情舒畅、生动活泼，那样一种政治局面。(周恩来《在文艺工作座谈会和故事片创作会议上的讲话》1961 年 6 月 19 日)

用例十九是必要条件句群，后一个句子中有关联词语“这样”。“这样”同时也起指代和照应作用，因此，也可以说是运用指代词语接应。用例二十是无条件,即排除一切条件的句群;后一个句子中有关联词语“不管”表明。用例二十一的(1)是惟一条件复句,在句群中作了(2)的惟一条件,并与(2)中的关联词语“才”呼应,使两个句子之间具有条件与结果的关系,从而组合为一个句群。由此可以看出,句子中的关联词语和句群中的关联词语选用得好,便能造成一气呵成、增强气势的表达作用。

十　转折关系

句群中的两个或几个句子之间有转折结构关系。转折句群的句子之间在意思上是全然相反或者相对的,一般在后面的句子里用关联词语来表示。常见的单个使用的有:但,但是,可,可是,然而,尽管如此,虽然,只是,不料,以上转折语气明显;不过,其实,可惜,幸而,以上转折语气较轻。转折句群是使用频率较高的语言单位之一。

用例二十二:(1)据说人情似纸的“纸”,现在不是“秀才人情纸半张”的那“纸”,而是赵公元帅笔下的那“纸”,即通货。(2)由“官本位”向“金本位”转化,值得欢迎。(3)但我更渴望“人本位”、“情本位”。(刘心武《人情似纸》)

用例二十三:(1)听人家背地里议论,孔乙己原来也读过书,但终于没有进学,又不会营生;于是愈过愈穷,弄到将要讨饭了。(2)幸而写得一笔好字,便替人家钞书,换一碗饭吃。(3)可惜他又有一样坏脾气,便是好吃懒做。(4)坐不到几天,便连人和书籍纸张笔砚,一齐失踪。

(5)如是几次，叫他钞书的人也没有了。（鲁迅《孔乙己》）

用例二十二是由三个句子组成的二重转折句群，第一重在(1)、(2)和(3)之间，(3)中用关联词语“但”表示转折关系。用例二十三是由五个句子组成的三重转折句群，叙述孔乙己是怎样弄得没饭吃的。整个句群有两处较大的转折：(2)对(1)是一转折，从“将要讨饭”转为“换一碗饭吃”；正当读者为他松一口气时，(3)至(5)对(1)、(2)又突来一个转折，说他因“好吃懒做”等等，而终于没有饭吃了。从结构层次上看，这个句群的(1)、(2)和(3)至(5)之间是第一重，前后两个组成部分用“可惜”连接并表示转折之意。(1)、(2)之间是第二重，是一个转折分句群，两个句子用“幸而”表示转折之意。(3)、(4)和(5)之间也是第二重，是一个因果分句群；(3)、(4)之间是第三重，是连贯关系的最小分句群。

十一　假设关系

句群中的两个或几个句子之间有假设结构关系。假设句群常用关联词语组合，一般在后面的句子里单个使用。常见的有：否则，不然，那么，要不，假使，如果，如果这样，如果不这样，如果那样，如果不那样等。假设句群在议论文中使用频率较高。

用例二十四：(1)就我自己看过的古今中外的文章来说，凡是感情诚挚，写景真实的作品，总使我感到写得入情入理，如见其景，如闻其声。(2)否则，给读者的印象就适得其反。（《中华少儿阅读全书·冰心谈阅读》）

用例二十五：**1**(1)这无论怎么说都是一场大悲剧。

(2)李自成自然是一位悲剧的主人，而从李岩方面来看，悲剧的意义尤其深刻。**2**(3)假使初进北京时，自成听了李岩的话，使士卒不要懈怠而败了军纪，对于吴三桂等及早采取了笼络政策，清人断不至于那么快的便入了关。(4)又假使李岩收复河南之议得到实现，以李岩的深得人心，必能独当一面，把农民解放的战斗转化而为抗清的战争。(5)假使形成了那样的局势，清兵在第二年决不敢轻易冒险去攻潼关，而在潼关失守之后也决不敢那样劳师穷追，使自成陷于绝地。(6)假使免掉了这些错误，在民族方面岂不也就可以免掉了260年间为清朝所宰治的命运了吗？**3**(7)就这样，个人的悲剧扩大而成为了民族的悲剧，这意义不能说是不够深刻的。（郭沫若《甲申三百年祭》）

用例二十四两个句子之间用“否则”组合，表示(2)与(1)相反的假设关系。用例二十五是一个由七个句子组成的段落，可以切分为三个语言片断。**1**包括(1)、(2)，是这个段落的中心句群，提出论点；**3**只有一个句子(7)，是这个段落的终止句，在论证之后进一步揭示总结这一悲剧的深刻含意。**2**包括四个句子，是一个围绕中心句群提供论据的支撑句群。这个句群从结构上看，是一个三重假设句群；四个句子都采用假设复句的形式，由于句式相同，自然形成一个整体。这个句群的第一重在(3)至(5)和(6)之间，前为假设的条件，后为假设的结果，也就是只有前面提到的所有假设都实现了，即李自成完全“免掉了这些错误”，后面的假设结果才能实现；第二重在(3)和(4)、(5)之间，前后两个假设论据是并列关系；第三重在

(4)、(5)之间，前一个假设复句是后一个假设复句的条件，组合在一起作为与(3)并列的假设论据。**2** 运用一连串表示假设关系的复句层层推理，总结了李自成失败的原因，提供了历史教训，也充分体现了作者的痛惜之情。

十二　让步关系

句群中两个或几个句子之间有让步结构关系。让步句群通常是一个句子表示退让一步，把某种已实现或未实现的事实当作推论的真实条件，另一个句子则说明依据这一条件所产生的结果。让步句群一般采用关联词语组合，常见的有：即使，哪怕，纵然，就算，尽管如此等，大都出现在后面的句子里；偶尔也在前后句子里都使用关联词语相互照应，比如，前一句中用“诚然”表示退一步说承认某种条件或观点，后个句用“然而”再向前推进一步说出结论；还有后面的句子用让步复句，借助它来推进前面句子的意思的。相对来说，让步句群的使用频率较低，而且常与表达特殊感情的需要有关。

用例二十六：(1)我那时随身并没有带着家谱，确乎不能证明我是中国人。(2)即使带着家谱，而上面只有一个名字，并无画像，也不能证明这名字就是我。(3)即使有画像，日本人会假造从汉到唐的刻石，宋太祖或什么宗的画像，难道偏不会假造一部木制的家谱吗？(鲁迅《说胡须》)

用例二十七：(1)一双假脚，能跳出这样的水平，该要多么顽强的意志和持久的苦练！(2)尽管科学已伸出神奇的手，给了她一双会跳舞的脚，但毕竟是假的，有它本

身的缺陷哪。（章以武　未燎《长生水——在未来世界里发生的……》）

用例二十六是由三个句子组成的二重让步句群，第一重在(1)和(2)、(3)之间。(1)退让一步，承认家谱可以证明国籍这个事实，(2)、(3)则以这一事实为前提进行层层的让步假设论证。(2)说即使带着家谱但是上面没有画像仍然不能证明是中国人，一让一进；(3)说即使有画像，难道不能假造吗？因而还是不能证明是中国人，又是一让一进。(2)、(3)的两个一退一进，有力地反驳了(1)提出的观点。这个句群连用几个让步关系使作者的愤懑溢于言表。用例二十七中，(2)是一个让步复句，通过(2)的退一步说，从而更加肯定了(1)的结论。

第二节　句群的功能分类

这一节是依据句群在组成段落中的表达作用来给句群分类。我们在第一章说过，句群是段落的构成材料，是话语(篇章)的重要单位，是从句法过渡到章法的桥梁。我们选择功能分类标准，正是考虑到句法和章法的衔接，以使句群理论研究更富于应用价值。甚至，在句群功能分类的名词术语方面，我们也尽可能与文章学类比，以减轻学习和应用的负担。

根据句群在段落中所发挥的表达作用，可以把句群大体分成主体句群，过渡句群和插入句群三大类。

一　主体句群及其功能分类

主体句群是构成段落、篇章必不可少的语言单位。文章的基本内容，如评介人物、记叙事件、描写场景、说明事物、展开论述、抒发感情和对话交流等，主要靠它来表达。如果进一步考虑它的种种表达作用及其在语言选择上的特点，主体句群又可以细分为：记叙句群、描写句群、说明句群、议论句群、抒情句群和对话句群。从研究角度看，功能句群的各个小类都是有明显区别的，因而可以分开介绍。但是，从运用角度看，各小类又有一定的交叉重合，比如夹叙夹议、寓情于景就不大好归类。在句群的功能小类中，最基本的、经常独立使用的，是记叙句群、说明句群、议论句群和对话句群；描写句群和抒情句群则经常要与其他句群配合使用。

（一）记叙句群

"记叙"包括记叙和叙述。记叙句群在段落中主要起把人物的生活经历、事物的来龙去脉或事件的发展变化表达出来的作用。记叙句群是组成记叙文和日常会话的主要的语言单位。

适应人们记叙客观事物的习惯，记叙句群通常采用以时空转移为序和以逻辑联系为序的接应形式，因此，就结构关系类型看，常见的是连贯句群、并列句群、总分句群，其次是递进句群，因果句群、条件句群。如果从记叙内容本身的客观顺序看，记叙句群有正叙（顺叙）和倒叙（回叙）之分；其中，倒叙与过渡句群和插入句群关系更为密切。

用例二十八：**1**（1）夏日的夜间是最快乐的时候。**2**（2）天空堆着一丛丛的星星，不远的树上不断地送来蝉声，院中还残留着日间的热燥。（3）孩子们洒水的洒水，预备茶的预备茶，搬椅子的搬椅子，不久，老人们便都坐在院中乘凉了。**3**(4)起始是缓缓地谈天,各人都挥着扇子。(5)渐渐孩子们不耐烦了,就嚷着要老人们说故事。(6)于是,没有人声了,连挥扇声也没有了,一个人缓缓说着故事,老人们也倾听,孩子们更不用说了。**4**(7)祖母是不大善说故事的,母亲说得最多。(8)祖母总是叫我靠近她坐,我不断地为她扇扇子,她不断地抚摸我的头,有时低声向我重述故事中的情节,当我有着或一疑问的时候。(9)然而祖母也不是决不会说故事的,《牛郎和织女》就是祖母讲给我的最可爱的故事中的一个。**5**(10)这个故事大概是如此。(李霁野《祖母》)

这个自然段记叙一个大家庭夏日夜间在院中乘凉的场面。全段包括十个句子,可以切分为五:**1**、**2**、**3**、**4**、**5**。**1**是段落中心句;**2**、**3**、**4**是记叙句群,围绕段落中心句具体叙述了这一"最快乐的时候",因而是**1**的支撑句群;**5**是过渡句,上承下启,使叙述自然进入下文——《牛郎和织女》的故事情节概述。中心句和三个记叙句群构成段落内容的主要部分,涵盖了记叙的全部要素:何时、何地、何人、何事、何因、何果;因此,这个段落也是一个记叙段落。

相对来说,以时空为序来记叙,运用时空词语来连接的记叙句群,比较常见。下面是运用处所词语接应的例子:

用例二十九:**1**(1)你取道路西。**2**(2)在胡同口的食品店你买一瓶酸奶,站着喝完。**3**(3)在丰盛胡同口,你或许买一串烤羊肉,一块烤白薯。(4)在报摊上,你买一份《北京晚报》加一份《中国电视报》——如果是星期一,或者《南方周末》——若逢星期六。(5)遇到好天气,一家个体餐馆会把桌子和火锅搬到人行道上。(6)另一家餐馆门口的铁笼子里,有时关着一对乌脚白鸡,有时盘着一条金环蛇。(7)漆着"生猛海鲜"四个红字的橱窗背后,鱼缸里永远养着活鱼,你却怀疑自来水怎么养海鲜。**4**(8)过了缸瓦市,有一段没有店铺。(9)闹中取静,这里有个基督教会堂,院子里大照壁上"信、望、爱"三个大字,从街上就能望见。**5**(10)再往前,你到了砖塔胡同口。(11)"元万松老人塔"锁在一个小院子里,塔前的临街平房开着一家电气商店。(12)也许是北京的古迹实在太多了,这座古塔只是区级文物保护单位。**6**(13)在羊肉胡同口,你观看电影院的海报和排片表。(14)继续往前,你扫一眼理发店橱窗里的新娘披纱捧花照片。(15)走过"西四小吃城"的宫殿式门面,从一个门洞上楼梯,便是杭州奎元馆,一碗爆鳝面卖 20 元。(16)下一家是同和居,外国人编的导游手册上说它是风味最纯正的鲁菜馆,推荐它的名菜贵妃鸡,你却没有尝过。**7**(17)至此,你已经站在西四十字路口了。(施康强《北京乎!》)

这个自然段记叙一个北京市民(或许就是作者)从单位出来"取道路西",悠闲逛街、购物遐想的情景。全段包括十七个句子,可以切分为七:**1**、**2**、**3**、**4**、**5**、**6**、**7**,七个片断之间都是运用处所词语接应,即记叙顺序是以处所转移为依据的。**1**(1)记叙闲逛的起点,只用一个句子交代。**2**(2)记叙头一站,单位附近的胡同口,也只有一个句子。**3** 包括五个句子,第一重在(3),(4)和(5)至(7)之间,是一个三重的并列句群,也以处所词语接应;记叙在丰盛胡同口的所为所见。**4** 是一个并列句群,记叙位于缸瓦市的基督教会堂。**5**包括三个句子，是连贯句群，句子之间运用“塔”的类义词语和指代手段接应，记叙在砖塔胡同的所见所想。**6**包括四个句子，也是一个连贯句群，记叙在羊肉胡同口的所见所闻所感。**7**(17)记叙最后来到了西四的十字路口。

记叙句群也经常用于议论文和说明文。在议论文中，记叙句群的主要功能是为议论或说理提供事实或论据；在说明文中，记叙句群则用来说明事物的形状和特征，使所要说明的事物或现象具体、形象；在抒情散文和诗歌中，记叙句群也同样有它的用武之地。这些我们后面还会谈到。

(二)描写句群

描写句群主要起具体、生动地描绘人物、事件、场景或细节的作用。

在组合手段方面，描写句群最常见的是运用指代词语、同义或类义词语和各种辞格接应。比如：

用例三十：(1)父亲从来不对我说半句埋怨话，他有着宏亮而温和的音调。(2)他的态度是庄重的，但脸上没有威严却是和气。(3)他每餐都喝一定份量的酒。(4)他的皮肤的血色本来很好，喝了一点酒，脸上就显出一种可亲的红光。(5)他爱讲故事给我听，尤其是喝酒的时候常常因此把一顿饭延长了一二个钟点。(6)他所讲的都是他亲身的阅历，没有一个故事里不含着诚实，忠厚，勇敢，耐劳。(7)他学过拳术，偶然也打拳给我看，但他接着就讲打拳的故事给我听：学会了这一套不可露锋芒，只能在万不得已时用来保护自己。(8)父亲虽然不是医生，但因为祖父是业医的，遗有许多医书，他一生就专门研究医学。(9)他抄写了许多方子，配了许多药，赠送给人家，常常叫我帮他的忙。(10)因此我们的墙上贴满了方子，衣柜里和抽屉里满是大大小小的药瓶。(鲁彦《旅人的心》)

用例三十一：(1)雨天的屋瓦，浮漾湿湿的流光，灰而温柔，迎光则微明，背光则幽暗，对于视觉，是一种低沉的安慰。(2)至于雨敲在鳞鳞千瓣的瓦上，由远而近，轻轻重重轻轻，夹着一股股的细流沿瓦槽与屋檐潺潺泻下，各种敲击音与滑音密织成网，谁的千指百指在按摩耳轮。(3)"下雨了"，温柔的灰美人来了，她冰冰的纤手在屋顶拂弄着无数的黑键啊灰键，把晌午一下子奏成了黄昏。(余光中《听听那冷雨》)

用例三十是由十个句子组成的描写句群，句子之间运用指代词语接应。这个句群通过一个孩子的印象，从六个方面描写父亲：宏亮而温和的音调，庄重而和气的态度，每餐喝酒和酒后爱讲故事的习惯(所讲故事都是满含诚实、忠厚、勇敢和耐劳的亲身经历)，会拳术和对拳术的看法，研究医学的爱好和以医助人的美德。这个句群对人物的描写，既有外在的音容笑貌、行动举止的描绘，也有内在的性格气质、品德为人的揭示。用例三十一是包括三个句子并与段落重合的描写句群。这个句群通过比喻、拟人和声、形、光、色的细致描写，把一场骤然到来的冷雨写得有声有色、饱含感情；笔触所到，既有犹如千指百指敲击琴键发出扣人心弦的和声的场面，也有雨水冲刷滋润之下屋瓦的流光浮、漾明暗变幻足以安抚视觉的细节。

描写句群通常用于记叙文，是构成记叙文的段落、篇章的重要语言单位之一。在记叙文中，描写句群更经常的用法是与记叙句群结合在一起，使表达生动形象、惟妙惟肖。在议论文和说明文中，也运用描写句群，使论证和说明富于形象性和生动性。

（三）说明句群

说明句群主要起说明事物的形状、性质、特征、结构、成因、功用、变化、关系等等的作用。说明句群从结构关系看，最常见的是解证、总分、并列这几类。说明事物的方法有种种，最常见的是下定义和进行具体的讲解，因此，进一步也可以把说明句群分为定义式的和讲解式（包括列举例证、类比对照、记叙描写、比喻拟人等等）的两小类。

用例三十二：(1)火柴盒上的贴画，就叫做火花。(2)它五彩缤纷，涉及的领域几乎是事事关心，样样记载。(3)古今中外各个历史时期的人物、事件、民间传说、地理、风光、民俗、绘画等等，无不尽收火花的方寸之中。（电视片《今日京华·火之花》解说词，北京电视台）

用例三十三：**1**(1)我国的台湾省，地处亚热带，雨水充足，气候温和，一年四季花儿常开，草木常绿；再加上台湾到处有花木茂密、绿草如茵的山谷，所以非常适合于蝴蝶的繁殖和生长。(2)据说，台湾所产的蝴蝶，数量之大，种类之多，名列世界之冠，有人作过统计，蝴蝶种类有四百种之多。(3)其中独具特色，最为名贵的有"大红纹凤蝶"、"蛇头蝶"、"红边小灰蝶"、"宽尾凤蝶"、"皇蛾阴阳蝶"、"兰屿黄裙凤蝶"等等。**2**(4)拿"兰屿黄裙凤蝶"来说，它产于台湾的兰屿岛，是凤蝶中最美丽的一种，后翅有大型金黄色的花纹，由于鳞片的特殊构造，逆光看去，会发出灿烂夺目的珍珠般的光辉。(5)这种色彩，是蝴蝶中独一无二的。(6)再如“皇蛾阴阳蝶”，它双翅的形状、色彩，不但不像普通的蝴蝶一样对称，而且大小不一，更为奇特的是，它翅的左边为雌性，右边为雄性。(7)据说，在一千万只蝴蝶中才能发现一只，自然是“物以稀为贵”。(8)至于“蛇头蝶”，由于它翅膀的上端长着像蛇头一样的图案，所以称为“蛇头蝶”。(9)它的两翅张开，足有洗脸盆那么大，是世界上最大的蝴蝶，堪称珍品。(丛培香《台湾蝴蝶甲天下》)

用例三十二是一个包括三个句子的说明句群，对“火花”的性质、内涵、特征作了说明，既运用了下定义的说明方法，也作了适当描述的具体说明。用例三十三是一个自然段，段落中的九个句子可以切分为两个说明句群：**1**、**2**。**1** 包括三个句子，概括说明三个问题：台湾盛产蝴蝶的原因，台湾蝴蝶的数量、品种都名列世界之冠，最名贵的几种蝴蝶。**2** 包括六个句子，是二重的并列句群，第一重在(4)、(5)，(6)、(7)和(8)、(9)之间，分别说明三种珍品蝴蝶：“兰屿黄裙凤蝶”的产地、珍珠般的色泽，强调它色彩的独一无二；“皇蛾阴阳蝶”的形状、色彩不同一般的双翅、雌雄同体的特征和千万分之一的数量，强调它的稀有和珍奇；“蛇头蝶”的命名由来、大小，强调它是世界上最大的蝴蝶。整个句群主要采用具体讲解的说明方法，兼也运用下定义式的说明。

说明句群的组合方式，常见的是运用数量词语和关联词语(连词、副词除外)来接应,也用肯否句式,对照、比喻、拟人辞格等来接应。说明句群主要用于说明文,是构成说明文的主要语言单位。在记叙文和议论文中,有时候也插入说明性的句群,对正文进行补充、引申、注释。这种情况我们在讨论插入句群时会谈到。

(四)议论句群

议论句群起提出论点、论据或进行论证的作用。议论句群主要用于议论文,是构成议论文的主要语言单位。在议论文中,一个议论句群可以是一个完整的证明或反驳;也可以只是一个论点、论据或扼要的论证过程。

用例三十四:**1**(1)但也有人以为描绘与记录的不同,只在详略之分:记录仅记要点和轮廓,而描绘则须详尽细密地写出来。(2)这是不对的。(3)记录也可以详尽,古代左史记事,右史记言,后来成为帝王的起居注;现代用录音器来作发言的记录,一字不遗;可以说详尽极了,仍然不是描绘。(4)唐人以二十字写一首五绝,如:“苍苍竹林寺,杳杳钟声晚。荷笠带斜阳,青山归独远。”可说简单极了,仍然是描绘。**2**(5)又有人以为描绘与判断的不同,只在主客观之分:判断是绝对客观的,而描绘是完全主观的。(6)这也不对。(7)判断未尝没有主观,否则,法官就不会判错案件,而上诉的程序也可无须规定了。(8)反之,描绘也不能完全离开客观的现实,否则,必将成为无人能懂的呓语。(赵友培《谈描绘》)

用例三十五:(1)一个人的生命究竟有多大的意义,这有什么标准可以衡量吗?(2)提出一个绝对的标准当然很困难；但是，大体上看一个人对待生活的态度是否严肃认真，看他对待劳动、工作等等的态度如何，也就不难对这个人的存在意义作出适当的估计了。（邓拓《生命的三分之一》）

用例三十四是包括八个句子的自然段，可以切分为两个议论句群：**1**、**2**；两个句群都是一个完整的反驳。**1**由四个句子组成，从结构关系看，是二重的解证句群，第一重在（1）、（2）和（3）、（4）之间。（1）、（2）组成一个驳论，（2）否定（1）的观点；（3）、（4）提出论据，用三个事例来证明（1）的错误。**2**由四个句子组成，也是个二重的解证句群，第一重在（5）、（6）和（7）、（8）之间。（5）、（6）也组成一个驳论，（6）否定（5）的观点；（7）、（8）提出论据，用一个事例和一个基本道理来证明（5）的错误。这个段落的两个句群之间是并列关系，运用大致相同的语言形式，如“有人以为……”、“这是不对的”等照应组合。用例三十五是运用问答形式组合的连贯句群，也是文章的第一个自然段，开门见山提出一个论点：可以用对待人生的态度来衡量人生的价值。这是一个立论式的议论句群，是全篇文章的中心话题；后面的文字都是围绕这个立论来展开证明式的论证的。

议论和记叙经常结合在一起运用，形成观点和材料高度统一的夹叙夹议的表达。这种表达形式，可以分别由议论句群和记叙句群的组合体现；也可以是一个句群中，既有记叙的句子，又有议论的句子，后一种是最典型的夹叙夹议，在议论文和记叙文中都很常见。比如：

用例三十六：（1）兴味要在青年时设法培养，过了正当的时节，便会萎谢。(2)比方打网球，你在中学时喜欢打，你到老都喜欢打。(3)假如你在中学时代错过机会，后来要发愿去学，比登天还要难十倍。(4)养成读书习惯，也是这样。(朱光潜《谈读书》)

用例三十六从结构关系看，是二重解证句群。(1)、(4)是用作议论的句子，(2)、(3)提出例证；(1)提出基本观点，(4)从网球实例引申到读书方面，进一步强调(1)提出的观点。整个句群的安排是"论点—论据—论点"，体现了完整的论证过程，是一个立论性的议论句群；包含在其中由(2)、(3)组成的分句群则是一个记叙句群。

(五)抒情句群

抒情句群主要起抒发强烈感情的作用。抒情句群是组成抒情诗或抒情散文的主要语言单位。在其他文体中，抒情句群通常与记叙句群、描写句群或议论句群组合在一起，共同抒发作者或作品中人物的爱憎。有些抒情句群是在记叙、描写的基础上，即事即景直抒作者胸臆，这种句群是直接抒情式的；有些抒情句群是通过感情色彩十分浓烈鲜明的记叙、描写或议论来抒发人物感情的，这种句群是间接抒情式的。间接抒情句群通常与记叙、描写或议论句群密不可分，甚至于重合为一。

抒情句群的组合方式，大多数采用意合接应，也运用比喻、拟人、反复、呼告等辞格和排比、对偶、肯否、反问、对比等句式来接应。从结构关系看，最常见的是并列、连贯关系。

用例三十七：(1)我是来自地壳的一滴清泉。(2)希望你也是一滴清泉，他也是一滴清泉。(3)我们汇集在一起欢跳、奔跑。(4)穿过大山、渗透岩石,弯弯曲曲;没有悲哀,不用烦恼。

前面就是大江就是大海,快投入父母的怀抱。(柯蓝《清泉》一)

用例三十八:(1)两个声音,交织、碰撞、搏斗在空旷的宇宙里。(2)一个是充塞天宇的狂啸呐喊,是飞沙走石,是惊涛霹雳……(3)一个是微弱纤细的低吟浅唱,是涓涓滴滴的幽泉,是飘飘悠悠的洞箫……(赵丽宏《音乐会上·听贝多芬〈命运交响曲〉》)

用例三十七是散文诗《清泉》的第一章,包括两个自然段。第一个自然段由四个句子组成,是一个直接抒情式的句群。从结构关系看,四个句子之间是连贯关系,运用指代词语"我们"和拟物(把人比作物)辞格组合。用例三十八是抒情散文《音乐会上·听贝多芬〈命运交响曲〉》中的第一个自然段,通过丰富的想像、生动的博喻来诠释乐曲的内涵,抒发了作者喜爱和赞扬之情,是一个描写和间接抒情重合的句群。从结构关系看,三个句子之间是总分关系,运用数量词语接应。

(六)对话句群

前面讨论的五种功能句群,常见于独白式的话语结构。现在要讨论的对话句群,则主要用于会话式的话语结构,比如戏曲道白或话剧中的对话,作品人物或日常生活中的对话等等。与独白式比较,独白的话语参与者是独自一人,而对话的话语参与者则必须成双成对。因此,从区分标准看,对话与独白相对待,界限是分明的;对话或者独白可以是记叙、描写、说明、议论或抒情性的语言,就这而言,它们与功能类别是可以重合的。

对话句群至少是两番话的组合,即在话语语言学中称之为“话对”的单位。“话对”中的两番话必须是两个说话人分别说出的。对话句群是话语分析的主要研究对象,是组成话剧和戏曲中人物对话或道白的主要语言单位;在小说或其他散文作品中,也离不开它。即使在面对面的语言交流中,也必须重视“你说”、“我说”之间的连贯衔接和会心默契;否则,“话不投机”,交谈也就无法进行下去,或者闹个大家不愉快。因此我们把它单列为一种功能句群。

从语言角度看,对话是话剧最主要的有形材料,人物的塑造、情节的展开、事件的交代、环境的描写,一切都由“对话”来表现,因此,组织好对话句群是写好话剧的根本。

用例三十九:

石　雷:(1)卖报!(2)卖《新华日报》!(3)看1941年特大新闻:周恩来先生举行中外记者招待会!(4)看新四军奉命东进北移深入敌后战场!(叫卖着下)

〔《新华日报》的报童们叫卖过场。

〔李大姐上,寻找石雷。

李大姐:**1** 石雷!石雷!

(石雷跑上。

石　雷:(1)李大姐!(2)你从哪儿来?

李大姐:**2**(1)刚从红岩村来。(2)石雷!(3)周副主席给你一个特殊的任务……

石　雷:(1)周副主席?!(2)什么任务?

李大姐:**3**(看看四周)周副主席说:明天有皖南新四军的

同志到重庆来。

石　雷：(1)是来接我的?!（喜悦）(2)上次我爸爸、妈妈来信说，等皖南的同志一来，就接我到他们那里去。

李大姐：**4** 皖南来的这位同志非常重要，周副主席在等着见他！

石　雷：周副主席在等他？

李大姐：**5** 这件事要绝对保密。

石　雷：是！

李大姐：**6**(1)你的任务是：明天上午，协助草莽的爸爸，在临江门码头刘记茶馆附近接应皖南来的同志。(2)你是报童，便于活动。(3)要注意隐蔽，保证这位同志的安全。

石　雷：坚决完成任务！

〔灯暗。

（邵冲飞　朱漪　王正　林克欢《报童》）

用例三十九是话剧《报童》的序幕，包括石雷的一个独白式叙述句群和由李大姐和石雷交谈的十二番话组成的六个话对。石雷的独白式句群，交代了事件发生的时间、背景和当时的重要事件。六个话对都是对话句群，他们之间的衔接连贯主要采用意合手段；其次是恰当运用某些非语言手段，比如借助面对面的语境，用“你”称呼对方来接应；此外，也运用一定的语言手段来接应，比如使用指代词语“这件事”，重复同一词语“周副主席、任务、皖南来的同志”，运用问答或重复照应的手段等等。六个对话句群介绍了即将发生的事件，事件的主要参与者，特别是报童石雷的情况——新四军的后代、地下工作者，揭开了当年周恩来同志在重庆红岩村领导《新华日报》同人与国民党特务进行坚苦卓绝斗争的序幕。

在话剧、戏曲之外，运用对话句群来刻画人物、开展情节的情况也不少见，比如俄国著名作家屠格涅夫的散文诗《门槛》，就是运用对话句群来概括描写俄国 1870—1880 年间一个女革命者的形象的。鲁迅《野草》集中的《过客》、《狗的驳诘》等也是充分运用对话句群的范例。

二　过渡句群和插入句群

上面介绍了主体句群的六种下位类型。这是句群功能分类的主要部分、重心部分；可以说，任何语言交流，无论书面还是口头，都离不开它们的运用。接下来介绍组成段落、篇章的另外两种功能句群：过渡句群和插入句群。它们不是组成段落、篇章的主要成分，但是，它们的出现，往往使段落、篇章的连贯性更加尽善尽美。

作为过渡或插入句群的语言材料，从功能上看，多数是记叙性、说明性的，有时候也有议论性的。

（一）过渡句群

“过渡”是使文章或说话内容严密衔接的一种方法。过渡句群在段落、篇章中起连接句子、句群、段落或部分，承上启下的作用；文章的内容由这一层意思转入另一层意思，常常要借助它来体现。比如：

用例四十：（前面的两个段落介绍“大理的花”）

（1）大理的花又多又好。（2）尤其是茶花，如果说云南茶花甲天下，那么，大理的茶花就该是盖云南了。

（后面的段落专写“大理的茶花”）

（曹靖华《洱海一枝春》）

用例四十是个议论性的过渡句群，也是一个自然段。(1)承上面的两个段落，总评“大理的花又多又好”，(2)启下一个段落，落笔于“大理茶花”。通过这个过渡句群，文章内容从泛写大理的花转到专写大理茶花上来。

从加强篇章的衔接连贯角度看，应该把照应也包括在过渡中。过渡是承上（前）启下（后），或只启下；照应则主要是承上。但是，上下、前后都是相互对待的。所以，除了文章结尾的照应外，文章中间的照应，其实也就是层层过渡；比如茅盾《白杨礼赞》中反复吟叹“白杨树实在是不平凡的一种树”，就是集过渡和照应于一身的。即使是结尾的照应，也不见得就是上文的简单重复，而常常是一种与上文密切关联的合理引申，其启“下”的作用显然是在读者、听者丰富的想像之中的。在语言表达中，可以用作过渡或照应的语言材料有关联词语、句子、句群和段落（通常是独句段或与句群重合的段落）。一般说来，关联词语和句子用作过渡或照应成分时，位置比较灵活；句群用作过渡或照应成分时，通常在段落的开头或结尾，极少在段落中间，这一点，则是它与插入句群的明显区别。

文章或说话的过渡和照应，是加强思路和语言连贯性的重要手段，也是提醒读者或听者注意，显示内容重点或话题变换的主要方法，应该加以利用。特别是在广播电视语言运用中，适当的过渡和照应多少可以弥补声音“转瞬即逝”的缺陷。

（二）插入句群

插入句群在段落、篇章中，一般处于游离状态，通常与上下文不相混杂。文章中某些内容的诠释、补充、引申等，常常运用插入句群来表达。例如：

用例四十一：**1**(1)北京蜡像馆于1988年6月开始筹建。(2)香港合作者陈树锴先生原计划购买英国蜡像馆的制作专利，未能如愿。(3)这样，蜡像制作任务就落在了工艺美术师张守祥身上。**2**(4)张守祥原在北京自然博物馆人类研究室从事人像复原研究工作。(5)他曾就读于中央美术学院学习雕塑。(6)30多年的艺术积累，不但使他掌握了扎实的雕塑基本功，还学习了油画、中国画、人种学、人体学、人体解剖学、文学和化学方面的知识。(7)多方面的艺术修养使他具备了突破中国蜡像艺术现状的基础条件。**3**(8)经过8个多月的试验，他闯过了蜡像原料配制和纹理制作，栽头发、胡须，蜡像雕塑、染色等多道难关，成功地做出了众多历史人物的蜡像。(《午间半小时·北京蜡像馆》中央人民广播电台)

用例四十一是由八个句子组成的自然段，可以区分为三：**1**、**2**、**3**。**1**是包括三个句子的二重并列句群，第一重在(1)和(2)、(3)之间，记叙蜡像馆筹建的时间和参与者的情况，指出制作任务落在张守祥身上的原因。**2**是包括四个句子的插入句群，补充介绍张守祥的经历，说明他成功的条件。四个句子之间是连贯关系，借助指代词语组合。**3**只有一个句子，通过时间分句“经过8个多月的试验”与**1**接应，组成断续的连贯段落，介绍了蜡像馆建成的大致经过。从表达内容看，**2**的补充，使人们对张守祥有了更深入的了解，但是，没有**2**，**1**、**3**之间内容和形式的连贯性并不受影响。

插入句群的上述用法，在说明文、议论文中很常见。在记叙文中，记叙线索的变换、观察角度的转移，也常运用插入句群来表示。这时，插入句群实际上起过渡或照应的作用，二者的重合交叉也就难免；不过，这种句群多半独立成段或出现在段首或段尾。当插入句群出现在段落中间时，有时候会造成主体句群或段落中断，例如用例四十一，就是一个“断续·记叙”段落。一般说，被插入成分隔断的句群或段落，在插入成分结束时，后续的句子或句群开头，常会有某些表示与前面的起始句或起始句群呼应的词语或句子，从而使被插入成分隔断的前后两个部分衔接起来。例如：

用例四十二：**1**(1)他从他的一捆木匠家具里边抽出一条小锯梁子来，尺半长，一指厚，木头很结实，打起来管保很得劲。**2**(2)他妈为什么知道这家具好打人呢？(3)原来他妈年轻时候也有过小飞蛾跟保安那些事，后来是被老木匠用这家具打过来的。**3**(4)闲话少说，张木匠拿上这件得劲的家伙，黑丧着脸从他妈的房子里走出来，回到自己的房子里去。(赵树理《登记》)

用例四十二的上文说张木匠同他妈商量着要打小飞蛾一顿，用什么家伙打呢？张木匠拿了根铁火柱正要走，他妈说“快住手！不能使这个！……顶好用小锯子的梁。”张木匠就照着办了；紧接着就是用例四十二这个段落。这个段落的 **2** 是插入句群，补充说明他妈知道小锯梁好打人的原由，同时记叙的角度也由正叙转为倒叙(回叙)；**1**、**3** 则是被 **2** 中断了的一个“断续·记叙”句群，通过指代词语接应。行文中，为了让被隔断的

1、**3** 紧密衔接，也为了让记叙由倒叙自然返回到正叙上来，**3**(4)的开头用了“闲话少说”来照应。

插入句群或句子，从结构上看，可有可无；从语义上看，有它无它，对表达的清楚、周密、准确、圆满，还是有区别的。特别是在提到某些较为生疏的人物、事物、现象，或名词术语、人名、难认的字，等等时，插入句群或句子的运用就更加有必要了。

第三节 一重句群和多重句群

在讨论多重句群之前，需要交代一下与句群相关的一些名词术语。

一 相关的一些名词术语

对同一个对象使用不同的术语，这在任何学科中都是难免的；不过，在语法学和文章学中，这种现象更常见。术语不同，有的不涉及实质性问题，比如“句群”和“句组”；有的却不那么简单，比如“语段”，通常就有多种理解，只要是语言成分的组合，无论大小长短都可以叫做“语段”。因此，是叫做“句群”还是叫做“语段”，就值得考虑。这一小节，是为与句群有关的几个实质性术语正名，明确一下它们各自的涵义。

(一)与篇章分析有关的术语

1.段落。具有“换行”的形式标记，表示一个相对完整的较为复杂的意思的语言单位叫做段落。段落的组成材料是句子和句群；有时候由一个句子组成，有时候由一个句群组成，更常见的是由一个以上的句子或句群组成。段落是篇章的最小单位，也称自然段。

2.部分。篇章中反映作者思路发展的一个较大步骤的语言单位叫做部分，也叫做“次篇章”或“片断”。部分是由段落组成的；有时候由一个段落组成，有时候由几个段落组成。在写作教材中，有的管“部分”叫做“意义段”，或“层次”；我们均不采用。在本书中，“层次”仅指某一语言单位内部各成分组合的先后次序所反映出来的上下位关系。

3.章节。通常一本书分为若干章，一章又分为若干节。章节有划分的形式标记，是反映作者思路发展的一个更大步骤的语流单位，是篇章的组成部分。章节有时候与部分重合，通常则大于部分。

4.篇章。是最大的语言表达单位，即一篇完整的文章，一次完整的谈话，或一本书。“话语”则专指可以划分成大大小小的语言单位的语流。

（二）与句群分析有关的术语

1.分句群。多重句群的组成成分有时不止包含一个句子，因而实质上也还是一个句群，不过它是包含在比它更大的句群之中的。这种由一个以上句子组成、包含在另一个句群里面、充当它的组成成分的语言单位，我们叫做分句群。分句群是句群的下位成分，它可以是一重的，即最小的；也可以是多重的，因此可以再切分。

2.始发句、后续句、终止句。当它们是一个句子以上的组合时，则叫做始发句群、后续句群、终止句群。这是依据句子或句群在段落中的地位和作用来划分的功能类别。关于句子功能类型的研究还刚刚开始，但是这些术语在切分句群时却经常可以见到。这里依据一般的理解解释如下：

始发句。在书面语中，始发句指一个句群或一个段落的第一句话，它永远居于“群”首或“段”首。它后面一定要有后续的句子或句群，没有“后续”，也就无所谓“始发”，二者是相对待的。在口语的对白中，第一个说话人的第一句话一定是始发句，第二个说话人的第一句话，可能是也可能不是始发句。因此，从内容看，始发句应该是一个话题开始时的第一句话。

后续句。跟随在始发句后面，同始发句组合成“群”或“段”的句子，就是后续句。

终止句。终止句是出现在句群或段落末尾的句子，但并非所有处于句群或段落末尾的句子都是终止句。只有起总结或结束某一话题的作用、并处在“群”末或“段”末的句子，才是终止句。终止句通常是两个句群或两个段落的界限，它是句群切分或段落划分的重要依据。

3.中心句、支撑句、过渡句。当它们是一个以上句子的组合时，则为中心句群、支撑句群、过渡句群。这是依据句子或句群的表达作用来划分的功能类别。在西欧、日本，有不少写作教师，很重视句子在段落中的表达作用。他们认为，句子的表达作用有四种：首先是作为段落的介绍部分，确定整个段落的论题中心；其次是作为段落的发展部分，提供各种各样的例证或细节来说明段落开展部分所要陈述的意见；第三是作为观点或上下文的调节部分，在若干不同的意见之间提供条件，使其顺利地变换和过渡；第四是作为段落的结束部分，用令人心理上满意的方式，合乎逻辑地归纳本段落所讨论的意见。适应句子的这种表达作用，他们认为可以把句子划分为四种功能类型：中心句[或叫“主题（topic）句”]、支撑句[或叫“扩展（expansion）句”]、过渡句[或叫“接应（coherence）句”]和归结句[或叫“重申（repeat）句”]。其中“归结句”相当于我们上面所说的“终止句”。在一个句群或段落中，中心句可以出现的位置不限于“群”首或“段”首，当它出现在“首”的时候，就可能与始发句重合，出现在“尾”的时候，则可能与终止句重合。

二　多句组成的一重句群

当一个语言单位只有两个直接组成成分时，就只有一种关系，一个层次。当一个语言单位拥有多个组成成分时，则可能有两种情况。一是所有的组成成分都在一个平面上平行组合，既没有主次之分，又都具有同一种结构关系；在这种情况下，这个单位就只有一种关系，一个层次，因而是一重结构。另一种情况是，多个组成成分不在一个平面上平行组合，而是按一定层次先后组合，既有主次之分，又有各自不同的结构关系；在这种情况下，这个组成单位就至少有两种结构关系，两个层次，因而是多重结构（含二重）。由此，汉语的各级语法单位，从语素到句群都有一重和多重之分。

但是，实际情况似乎复杂一些。我们还发现，有些由多个句子组成的句群，尽管几个句子之间的关系相同，却有一重和多重之分，这就需要加以辨析。一般说来，几个句子都是同一种结构关系，把它划归一重，大约不会错。但是，也有例外，这就是，几个结构关系相同的句子，有时候并不处在同一平面上，而是有组合先后和上下层次之分；这时，从语义理解的角度，似乎不应看作一重，而应看作多重。这也就是说，具有同一种关系的多个句子，经常组成一重的句群，也可能组成多重的句群。下面，是多句组成一重句群的例子：

用例四十三：（英文系教授坐飞机挫坠，一直往下掉的时刻，心中洋溢了莎士比亚的诗句——但不知道是哪几句？令我十分好奇。不可能是上引哈姆雷特王子的独白吧？太噜嗦，太纠缠，太繁琐了吧？）

(1)可能是《理查二世》里一些忧郁敏感的慨叹？(2)也可能是安东尼在《尤利乌斯·恺撒》里站在凯撒遗体边的演说，或许当布鲁塔士自戕后，他夸张的礼赞？(3)《亨利四世》里弗士塔孚对于荣誉的虐谑？(4)《李尔王》里，伤心欲绝的老父在风中呼号？(5)或者艾德加对于男子庶出嫡出嘲弄的分析？(6)可能是《理查三世》里奸尻达登台的定场诗（现在我们怨怼不满的冬季，已经被这约克的骄阳转为豪美的夏天）？(7)《马克白》中匕首高悬的幻象？(8)血手染红大海又如何？(9)或者生命是白痴说故事，充满声音与愤怒，不带任何意义，《威尼斯商人》里一个女子对悲悯的诠释？(10)《奥赛罗》里将军最后的自我折磨，熄去了烛光，熄去生命？(11)如果是《罗密欧与朱丽叶》，可能是花园阳台夜来之一景，他说她是东边升起的月亮？(12)这样看来，也似乎可以是《哈姆雷特》里王子讲生死的独白——为什么不行？（杨牧《疑神十集》）

用例四十三是十二个句子组成的选择句群，承上一段落末尾提出的问题，提供了十二种可能的回答。十二个句子之间只有一个结构关系，一个组合层次，因此，是一重句群。这种句群在表达上，极尽铺排之能事；在理解上，留下了广阔的空间。

三　多重句群的类型举例

组成句群的三个或更多的句子之间有两个或多个结构关系，两个或多个结构层次的句群，统称为多重句群；进一步细分，则以重数多少命名：二重，三重……，依次类推。一般说来，句群内部结构关系达到五重就已经相当复杂了，而且，从长度看，也很可观了，所以，从利于表达和理解来看，能组织得小一点就尽量小一点为好，特别是在口语表达中。就我们所掌握的语料看，五重以上句群要在书面形式中，特别是议论文中，才有较高的使用频率。基于上述情况，我们所举用例，到六重为止，层次更多的可以类推；一般是多一个关系就可能多一个层次。下面分别举例介绍：

（一）具有相同结构关系的多重句群

专指由结构关系相同、组合层次不同的多个句子组成的句群。例如：

用例四十四：(1)按照水泊里一些重要脚色去看：比如宋江，武松，朱仝，雷横，杨雄，李逵之流画押司，都头，小牢子，都是属于吃衙门饭的胥役一类。(2)林冲，杨志，鲁智深，关胜，呼延灼，花荣，徐宁，张清，董平，索超，孙立，不管他们带兵多少，官职如何，都是执掌过军权的武官儿。(3)卢俊义是商业世家，在外避难的时候，还吩咐管家李固，随带十辆太平车准备做趟生意的大商人。(4)李应是土财主而兼地主。(5)柴进因为他祖宗禅位有功(?),有御赐的铁券丹书的优待条例,因此是过去的皇室后裔,是没落贵族。(6)晁盖是保正,等于现在的乡长,要是在地方上没有势力,是不配充当这种差事的,大约多少有些土豪的气味。(7)其余如公孙胜,是走江湖的道士;张清,王英是真正的强盗;李俊,张横,阮氏三雄,是水贼。(8)另外,如做猎户的解珍解宝,打柴为业的石秀,这类确是真正的老百姓,可是在人数上,在占地位上,不但是少数,而且也并不算重要。(9)而燕青则是地道的奴才。(10)根据这些人的出身,就可知道他们当时虽然也反抗官府,打劫商旅,其实,他们的政权的操持者,仍然在胥吏,官员,商人,地主,贵族,土豪的手里,因此,要说他是民主也还只是空招牌而已,知识分子在这中间,还能显出甚么力量。(孟超《梁山泊与知识分子》)

用例四十四是由十个句子组成的三重解证句群,第一重在(1)至(9)和(10)之间。前九个句子摆了梁山泊重要脚色的出身,后一个句子据以作出结论。从结构关系看,前九个句子之间都是并列关系,有些句子前面还用了表示并列关系的关联词语。但是,从内容上看,九个句子分别介绍了四种类型的人:(1)至(6)提到的都是有权势的人,是梁山泊政权的操持者;(7)提到的是三教九流中人;(8)提到的是平民百姓;(9)提到的是地道奴才。因此,它们之间是这个句群的第二重,是由四个并列关系组成的分句群;这样切分也有形式依据,这就是(7)、(8)、(9)的句首分别有关联词语“其余、另外、而”。而(1)至(6)则是这个句群的第三重,是由六个句子并列组成的多句一重分句群,六个句子分别列举了六种有权势的人:胥吏、官员、商人、地主、贵族和土豪。我们对这个句群前九个句子的切分说明：具有同一种结构关系的几个句子，如果组合层次不同，就会形成多重句群；因此，判断“重”的数量时，既要考虑结构关系，又要考虑结构层次。

（二）具有不同结构关系的多重句群

通常，结构关系和结构层次是一对一的，因此，多一种关系，常常也就多一个层次，即多一“重”。在第一节列举的用例中，涉及二重的不少，因此，这里就从三重说起了。

1.三重句群

用例四十五：(1)请看：由于茶叶发源自中国，全世界关于“茶”这个词儿的发音，都和普通话的 cha 或潮汕厦门话的 tea 近似。(2)从海路接受了茶的，就把它称呼为 tea，从北方陆路接受了茶的，就把它称呼为 cha。(3)全世界对于咖啡和可可的称呼，也和它原来的产地——非洲、美洲人们的称谓相近。(4)再举一个有趣的例子：由于全世界各地所种的荔枝，龙眼，黄皮（中国南方的一种果子），都是从中国引进去的，世界各个国家的文字中，称呼这几种果子的名词，都和中国南方的口音差不多。(5)从这样的事例，也可以见到：外来词的借用，是世界各族语言发展的共同规律。（秦牧《外来词的吸收和消化》）

用例四十六：(1)像这一类的词儿，小学生大抵对构成它们的每一个字都认识，然而对它们的含义却可能全不知道。(2)因此，认识大量的词，比认识一般的字要困难得多。(3)因为，如果没有丰富的生活知识以至各部门学问的基本知识，也就没法掌握大量的词。(4)可见，学习词汇，实际上不仅仅是个语文问题，而是一个“世事洞明”“人事练达”，以至于广泛涉猎各个学问领域的问题。（秦牧《各国作家锤炼语言的故事》）

用例四十五是五个句子组成的三重解证句群。第一重在(1)至(4)和(5)之间，前面提出三个事例，后面作出结论。第二重在(1)、(2)，(3)和(4)之间，是并列关系的分句群，各自举了一个事例，第三重在(1)、(2)之间，是总分关系的最小分句群，前面总说茶的两种发音，后面分别说明各自借用的来源。用例四十六是四个句子组成的三重解证句群。第一重在(1)至(3)和(4)之间，前面三个句子提供事例，后面的句子得出结论：词汇学习不仅仅是一个语文问题。第二重在(1)、(2)和(3)之间，是用“因为”接应的因果关系分句群。第三重在(1)、(2)之间，也是因果关系分句群，用“因此”接应。这个句群的第二、第三重，句子间都是因果关系，但是，由于组合的层次不同，因此，切分为两“重”。

2.四重句群

用例四十七：(1)有一次，在香港中文大学翻译中心宽敞明亮的主任办公室里，与中心主任孔慧怡博士谈起文化的自由选择问题。(2)我说香港的一些报刊，从广义上说也是文化垃圾。(3)她说：是的，那些东西很低，但有人要看，而且，重要的是，他们有看的自由。(4)我说这些读者需要引导和教育，使他们有可能分清文野、粗细、高低、是非，报刊也需要改进。(5)她很不同意我这样看，提高了声音，说我主张的是填鸭式教育方法，她认为人们完全可能在多元化的自由气氛中选择和提高，分清是非，她说如果取缔了这些水准低下甚至不妥当的报刊，我们这些知识分子高雅的和正确的自由，也就会受到威胁，甚至被取缔了。(6)听了这番话，我想，我们的区别在于：她提倡在多元文化氛围中的自由选择，而我主张用真理来提高和教育人们，而真理最终只有一个。(7)现在我想，我留给孔博士的印象，恐怕是我不仅自己使用权威的语言，而且还要提倡权威的语言了。（蓝棣之《语言成了问题》）

用例四十七是七个句子组成的四重连贯句群，第一重在(1)至(5)和(6)、(7)之间，前面记述作者与孔博士的一次谈话过程，后面介绍这次谈话后作者的感想，采用“听了这番话”来承接。这个句群前半部分的第二重在(1)和(2)至(5)之间，也是连贯关系，(1)提到一次谈话，(2)至(5)记述谈话的具体内容，采用同义词“谈”、“说”来接应；后半部分的第二重在(6)、(7)之间，是并列关系，用时间词语“现在”连接。这个句群的第三重在(2)、(3)和(4)、(5)之间，是由两个并列关系的最小分句群组成的连贯分句群，前后两个部分以话轮转换的语言表现形式“她说、我说”来接应。这个句群的第四重则在分别组成两个最小分句群的(2)和(3)，(4)和(5)之间。

用例四十八：(1)我初到德国的时候，供应十分充裕，要什么有什么，根本不知饥饿为何物。(2)但是，法西斯头子侵略成性，其实法西斯的本质就是侵略，他们早就扬言：要大炮，不要奶油。(3)在最初，德国人桌子上还摆着奶油，肚子里填满了火腿，根本不了解这句口号的真正意义。(4)于是，全国翕然响应，仿佛他们真不想要奶油了。(5)大概从1937年开始，逐渐实行了食品配给制度。(6)

最初限量的就是奶油，以后接着是肉类，最后是面包和土豆。(7)到了1939年，希特勒悍然发动第二次世界大战，德国人的腰带就一紧再紧了。(8)这一口号得到了完满的实现。(季羡林《留德十年》)

用例四十八是八个句子组成的四重解证句群，第一重在(1)、(2)和(3)至(8)之间，前面介绍法西斯头子提出的一个口号，后面说明这个口号实现的过程。这个句群前半部分的第二重在(1)、(2)之间，是转折关系，用“但是”连接；后半部分的第二重在(3)至(7)和(8)之间，是因果关系分句群。这个句群的第三重，分别在(3)、(4)，(5)、(6)和(7)之间，是连贯关系分句群；通过时间词语“在最初”、“大概从1937年开始”和“到了1939年”接应，叙述了口号逐渐实现的过程。这个句群有两个第四重，一个在(3)、(4)之间，是连贯关系的最小分句群；一个在(5)、(6)之间，是解证关系的最小分句群。

3.五重句群

用例四十九：(1)综合起来说，对于四大家族的经济政治文化的统治，我们看见它凶恶的一面，也看见它软弱的一面。(2)贾家，或者说四大家族，或者说《红楼梦》社会的统治者，面对着许多困难，他们的地位不稳。(3)乡村里贼盗蜂起，海疆不宁。(4)丫头们越来越不听话。(5)家庭中的异端因素也难以约束。(6)经济情况越来越不妙了。(7)家人的关系越来越坏。(8)什么礼呀，孝呀，威力都下降了，连菩萨也不灵了。(9)总起来看，四大家族的权势和支持这个权势的社会基础以及维护这个权势的思想文化，都在向相反的方向转化。(10)结果，四大家

族终于破落，虽然留有一点余地。(张毕来《漫说红楼》)

用例四十九是十个句子组成的五重因果句群，第一重在(1)至(9)和(10)之间，前面分析四大家族软弱的一面及其面临的困难，是原因，后面指出结果。这个句群的第二重在(1)和(2)至(9)之间，是解证关系的分句群，(1)提出软弱的一面，后面的八个句子加以说明。这个句群的第三重在(2)和(3)至(9)之间，是总分关系的分句群，(2)总说面对许多困难，后面七个句子分别摆出种种困难。这个句群的第四重在(3)至(8)和(9)之间，是解证关系的分句群，(9)依据前面摆出的种种困难事实作出向反面转化的结论。这个句群的第五重分别在(3)，(4)，(5)，(6)，(7)和(8)之间，六个句子各讲面对的一种具体困难，组成最小的并列分句群。

4.六重句群

用例五十：(1)还有一种构思，作者不是先有故事，也不是先有人物，而是先有一个画面。(2)屠格涅夫有篇小说《阿霞》。(3)这篇小说是怎么构思出来的呢？(4)据他说，就是有一次他在一条船上，看见河边有一座小楼，楼下窗口有一个老太婆在向外张望，楼上窗口探出一个小女孩的头，这个女孩很漂亮。(5)他就是从这样一个画面构思了这篇小说。(6)他想楼下的老太婆和楼上的小姑娘是什么样的人物，他们为什么住在这个小楼里，他们是什么关系，等等，就出来这篇小说。(7)美国有位很有名的现代派的小说家威廉·福克纳，是诺贝尔文学奖奖金的获得者。(8)他有一部著名的长篇小说叫《喧哗与骚动》(或译为《声音与愤怒》)。(9)这部小说是怎么构思出来的呢？(10)据他自己说，也是先有一个画面：有个小女孩爬到一棵树上，往房里偷看她奶奶的葬礼，把看到的情形讲给树下的几个弟弟听。(11)他从这个画面就构思了一个故事。(12)后来发现写一个短篇不行，就搞成了一部长篇小说。(13)这部长篇小说被一些人评为他的最杰出的作品。(14)这是先有一个画面。(叶朗《中国小说美学》)

用例五十是十四个句子组成的六重解证句群，第一重分别在(1)和(2)至(13)，(2)至(13)和(14)之间，提出文学构思的方式之一是“先有一个画面”；句群中，(1)与(14)遥相呼应，都与(2)至(13)直接组合，形成“论点—说明—论点(重复呼应)”的结构关系，因此，我们把他们划在一个层次里。这个句群的第二重在(2)至(6)和(7)至(13)之间，是并列关系的分句群，各举一个从画面开始构思的实例。这个句群有两个第三重，一个在(2)、(3)和(4)至(6)之间，是解证关系的分句群，以问答的形式介绍实例之一屠格涅夫的小说《阿霞》；一个在(7)至(9)和(10)至(13)之间，也是一个解证关系的分句群，也以问答形式介绍另一个实例威廉·福克纳的小说《喧哗与骚动》。这个句群有四个第四重，其一在(2)和(3)之间，是一个连贯关系的最小分句群，从作者讲到作品；其二在(4)和(5)、(6)之间，是连贯关系分句群，从画面讲到构思内容；其三在(7)、(8)和(9)之间，是连贯关系的分句群，就作品提出问题；其四在(10)至(12)和(13)之间，是解证关系的分句群，(13)补充说明《喧哗与骚动》被认为是威廉·福克纳最杰出的作品。这个句群有三个第五重，其一在(5)和(6)之间，是解证关系的最小分句群，(6)是对(5)的具体说明；其二在(7)和(8)之间，是连贯关系的最小分句群，从作者说到作品；其三在(10)和(11)、(12)之间，是连贯关系的分句群，从画面说到构思。这个句群的第六重在(11)和(12)之间，是连贯关系的最小分句群，从想写个短篇到写成长篇，用时间词“后来”连接。

第三章　句群的组合和切分

前一章讨论句群的分类,涉及的主要是语言结构的聚合关系;这一章讨论句群的组合以及它的内外切分,则主要涉及组合关系。本世纪初,瑞士语言学家德·索绪尔认为:话语中,由于语言要素是连接在一起的,彼此结成了以语言的线条性特征为基础的关系,排除了同时发出两个要素的可能性。这些要素一个挨着一个排列在言语的链条上面,这种以长度为支柱的结合就称为组合。所以组合总是由两个或几个连续的单位组成的,并且是实现了的。索绪尔的这些看法,对于我们探讨句群的组合关系仍然十分有用。

第一节　句群的组合

作为语法的最大单位,句群是由句子依照一定的规则组合而成的。我们在第一章里说过,几个句子之所以能够组合成为一个句群,除了在现实的言语链上前后连续的条件之外,更主要的是它们之间无论在语义内容上还是在表达形式上都具有连贯性,因而可以结合为一个统一体。句子和句子之间的这种连贯性,要通过一定的手段表现出来,这些手段可以统称为"接应"(cohesion)。"接应"作为语言学的一个专门术语,最初用于指两个以上的词或语素同属于一个句法结构的程度；话语语言学兴起之后，某些语言学家把这个术语的意思推而广之，用来包括一个语言片段中各构成成分之间的联系。有人还把“接应”进一步区分为意义的和形式的两类。从任何语言单位都是意义和形式的统一体这一观点出发，我们这里所说的“接应”指发话人运用各种方式来指示句子与句子之间的语义连贯、而受话人也正是从这些方式中推断句子与句子之间的联系的一切具体手段。我们认为，任何手段都既是表达一定意义的形式，又都是通过一定形式表达的意义，因此，没有必要也不大可能把一个具体的手段严格区分为形式的接应还是意义的接应。

一 句群的内部接应(上)

我们把句子和句子组合为句群叫做内部接应，相对于此，句子和句群、句群和句群的组合就是外部接应。探讨现代汉语句群的内部接应手段是建立现代汉语句群理论体系的一个重要方面，而了解和掌握句群的内部接应手段则是组织好连贯话语的先决条件。

关于连贯话语的接应手段，吕叔湘说过：“比句子大的单位是段，大段，全篇（或章，节）。一般讲语法只到句子为止，篇章段落的分析是作文法的范围。事实上，句和句之间的联系，段和段之间的联系，往往也应用语法手段（主要是虚词）；但是，除此之外还有其他手段，如偶句、排比、问答等等，还常常只倚靠意义上的连贯，没有形式标志。”[①]我们赞同吕先生的

① 吕叔湘《汉语语法分析问题》，商务印书馆 1979 年，第 29 页。

看法，在观察、收集、归纳句群的接应手段时，尽量把眼界放宽些，不仅注意到语言的接应手段，也适当考虑语义的接应和其他非语言的信息传递手段的接应。应当说，连贯话语的接应手段，还是一个有待深入研究的问题。这里，就我们所见到的，分六个方面尽可能列举。

(一)词语接应

运用各类词语把几个句子组合成为句群是最常见的接应手段。现代汉语中，能用作接应手段的词语，多数可以依据语法功能给予分类，这些词语用作接应手段带有一定的普遍性，可以看作形式标志；有些则只能从词义关系角度解释，或同义，或反义，或类义，这些词语用作接应手段是临时现象，一般不看作形式标志。下面分别举例说明。

1.运用关联词语接应

句子和句子之间运用关联词语来组合是很常见的现象。比如：

用例一：(1)俗话说"穿衣戴帽，各有所好。"(2)然而从人们真正拥有充分选择余地的时候到现在，不过是几年的光景。(《今日京华·步履欢歌》解说词，北京电视台)

用例一用关联词语"然而"连接，组合成为一个转折句群。

这里要说明的是，组合句群的关联词语所包含的范围远比组合复句的关联词语宽泛，不仅有连词、副词，还有某些实词、词组。在第二章讨论句群的分类时，我们已经比较详尽地列举了用于各类句群的关联词语，这里不再重复。

还要说明的是，句群运用关联词语组合时，也有不同于复句的地方：

一是，较少使用成对的关联词语。某些组合复句时成对使用的关联词语，如“因为……所以”、“虽然……但是”、“不但……而且”、“如果……那么”等，一般不成对用来组合句群；它们用于句群时，通常是拆开来单用其中的一个。

二是，单用一个时，关联词语一般不出现在句群的第一个句子里。这种情况与所使用的关联词语有关。从我们掌握的材料来看，用在句群里的关联词语常常是那些在正常语序下出现在复句的后一个分句里的连词，也有少数是出现在前一个分句里的，如“因为、虽然、不管”等，此外，还有副词，如“同时、其实、原来、当然、却、又、也、便、还”等。上述关联词语，不论表示什么关系意义，它们都具有引进下文的语法功能，因此通常出现在后续句的句首，而不出现在句群的第一个句子里。

三是，某些复句常用的关联词语不用来组合句群。比如，出现在复句的前一个分句里而又不能单用的连词，一般都不用来组合句群。

四是，某些词语主要用于组合句群，起关联作用。如“这样、如果这样、只有这样、只要这样、正因为这样、除非如此、尽管如此、为的是、其结果、上面……下面、首先……其次……最后、先说……再说、一般地说……特殊地说、这就是说……而不是说、换句话说、比方说、由此可见、总之、恰恰相反、除此而外、与此同时、不料、可惜、其实不然、不在于……是在于、为什么……原来、为什么……是因为”等等。

最后还要说明的是，有些关联词语不止表示一种意义关系，如“总之、总而言之”，用于组合总分句群时，表示总提部分；用于组合解证句群时，表示据前文所说的事实、现象作出的某种思想、结论。在使用中要注意区分。

2.运用指代词语接应

不少句群运用指代词语组合，常见的是人称代词和指示代词，有时也用由指示代词和其他词语组成的指代短语“这些、那些、这里、那里”等。如：

用例二：(1)石窝，座落在北京房山石经山南麓。(2)这里蕴藏着丰富的汉白玉大理石，洁白无瑕，纹理细腻，堪称石中上品。(《今日京华·石魂》解说词)

用例二用表示处所的指示代词“这里”组合成为一个连贯句群。

3.运用时间词语接应

有些句群常用时间词语来组合。通常是用时间名词、时间副词和表示时点或时段的名词性词组。如：

用例三：(1)好多好多年，我就在这样的夹竹桃下面走出走进。(2)最初我的个儿矮，必须仰头才能看到花朵。(3)后来，我逐渐长高了，夹竹桃在我眼中也就逐渐矮了起来。(4)等到我眼睛平视就可以看到花的时候，我离开了家。(季羡林《夹竹桃》)

用例三由四个句子组成，用时间名词“最初、后来”和表示时段的名词性短语“等到我的眼睛平视就可以看到花的时候”组合成为一个连贯句群。

4.运用处所词语接应

运用处所词语组合句群，在记叙文，特别是游记中很常见。通常是用处所名词，也常用表示处所的方位短语、名词性短语或介词短语。如：

用例四:(1)北平这个地方,实在适宜于绿树的点缀,而绿树能亭亭如盖的,又莫过于槐树。(2)在东西长安街,故宫的黄瓦红墙,配上那一碧千株的槐林,简直就是一幅彩画。(3)在古老的胡同里,四五株高槐,映带着平整的土路,低矮的粉墙。(4)行人很少,在白天就觉得其意幽深,更无论月下了。(5)在宽平的马路上,如南、北池子,如南、北长街,两边槐树整齐划一,连续不断,有三四里之长,远远望去,简直是一条绿街。(6)在古庙门口,红色的墙,半圆的门,几株大槐在庙外拥立,把低矮的庙整个罩在绿荫下,那情调是肃穆典雅的。(7)在伟大的公署门口,槐树分立在广场两边,好像排列着伟大的仪仗,又加重了几分雄壮之气。(8)太多了,我不能把它一一介绍出来,有人说五月的北平是碧槐的城市,那却是一点没有夸张。(张恨水《五月的北平》)

用例四由八个句子组成,是一个三重的总分总句群,也是一个自然段。这个句群的(2)至(7)为第二重,六个句子用表示处所的介词短语组合成为并列关系的分句群。

5.运用数量词语接应

运用数词、数量词语来组合的句群,组成句群的几个句子之间常为并列或总分关系。如:

用例五:(1)作家有三种死法。(2)一曰自然的死,二曰痛苦的死,三曰快乐的死。(陆文夫《快乐的死亡》)

用例五用数量词语“三种”和数词“一、二、三”组合成为一个总分句群。

6.运用语气词语接应

有些句群运用语气副词、语气词组合，有时还把语气副词和语气词配合起来使用。如：

用例六：(1)一定是他！(2)不会错，一定是他！（阿累《一面》）

用例七：(1)莫非她翻车了么？(2)莫非她被电车撞了么？（鲁迅《伤逝》）

用例六用语气副词“一定”组合成为并列句群。用例七用语气副词“莫非”和语气词“么”配合在一起组合成为并列句群。

7.运用同义词语接应

在一个句群中，几个句子之间运用同义词语互相替代的方法来衔接也很常见。有的学者把这种接应手段归入“意合”法，我们认为，尽管同义词语的划分依据是语义关系，但是，它也是词语的一种类别，因此，我们把它列入词语接应手段。后面要讨论到的反义词语接应，也基于相同的认识。运用同义词语接应，从修辞上说，既使话题保持一致，又避免同词复出的单调，应当说是上乘的语言运用。运用同义词语接应的例子如下：

用例八：(1)二太太把一个刚到一周岁的小泥鬼交给了他。(2)他没了办法。(3)卖力气的事儿他都在行，他可是没抱过孩子。(4)他双手托着这位少爷，不使劲吧，怕滑溜下去，用力吧，又怕伤了筋骨，他出了汗。(5)他想把这宝贝去交给张妈——一个江北的大脚腿子。（老舍《骆驼祥子》）

用例九：(1)此后大约十几天，大家正已渐渐忘却了先前的事，卫老婆子忽而带了一个三十多岁的女人进来了，说那是祥林嫂的婆婆。(2)那女人虽是山里人模样，然而应酬很从容，说话也能干，寒暄之后，就赔罪，说她特来叫她的儿媳回家去，因为开春事务忙，而家中只有老的和小的，人手不够了。(鲁迅《祝福》)

用例八中的“小泥鬼、这位少爷、这宝贝”都是指称二太太的孩子，它们是同义词语，起组合这个句群的作用；在这个句群中，也运用重复指代词语“他”来组合。用例九中的“三十多岁的女人、祥林嫂的婆婆、那女人”指称同一个人，也是同义词语，用于组合这个句群。上述两例中的同义词语都是在特定语境中由于指称相同而临时构成的同义词语。

8.运用反义词语接应

运用反义词语或相对反义词语来衔接句群。如：

用例十：(1)我曾见过北京什刹海拂地的绿杨，脱不了鹅黄的底子，似乎太淡了。(2)我又曾经见过杭州虎跑寺近旁高峻而深密的“绿壁”，丛叠着无穷的碧草与绿叶的，那又太浓了。(3)其余呢，西湖的波太明了，秦淮的河也太暗了。(朱自清《绿》)

用例十的(1)、(2)运用反义词“淡—浓”所造成的对比效果来组合。

(二)句式接应

“句式”在这里是一个比较宽泛的概念，既包括语法学中所说的带有一定结构特点的句子，也包括修辞学中从语言形式的角度划分出来的一些与句子结构特点关系密切的修辞手段。哪些句式可以起到组合句子成为句群的作用，各种句式用于组合句群时其能力的大小、条件的限制等等，尚须进一步调查观察。这里仅就常见的举例说明如下。

1.运用承省句式接应

一般语法书中谈到承省,是包括对话省、自述省和承上文或蒙下文省略的。这里所说的“承省”仅指在上下文中的承上或蒙下省略。如:

用例十一:(1)这些小贩进村来卖针线的,能和妇女打交道,卖玩具的,能和小孩打交道,都是规规矩矩,语言和气,不管生意多少,买卖不成人情在,和村民建立了深厚的感情。(2)再进村,就成了熟人朋友。(3)如果有的年轻人调皮,年老的就告诫说,小本买卖,不容易,不要那样。(孙犁《小贩》)

用例十二:(1)在路上走了三天半,才跑到鲁山镇。(2)这时腿也跑肿了,脚也打泡了,可是她还满心高兴。(李准《马小翠》)

用例十一是承上省,(2)承(1)的“这些小贩”省略,是承省句式,起组合句群的作用。用例十二是蒙下省,(1)蒙(2)的“她”省略,是承省句式,也起组合句群的作用。

从语言运用的角度看,对话省略的句子有客观语境的补足,自述省略的句子有人们的共识做基础,一般不会影响语义的理解,因此,这两种省略并不要求非有别的句子和它配合不可。承上省略和蒙下省略的句子则不同,没有一定的上下文与它紧密配合,一般说来是不会出现的;如果勉强出现了,往往容易产生不同的理解。所以,这种省略句式一旦出现,就预示着,在它的前后必有一个或者不止一个支配着它的句子,它们必须组合在一起才能准确达意。由此我们认为,这种省略句式，不仅是组合句群常用的手段，而且可以用来进行语言预测，因而也是语言预测的一种方法。

2.运用问答句式接应

在对话中运用问答句式来组合句群，这是很自然的。会话的基本单位——话对，就是由一问一答组成的。一个话对通常就是一个运用问答句式组成的句群，但是，并非一段连贯话语中的全部对话都是句群。把一段较长、较复杂的对话切分成句群，既要考虑语言表达形式，也要考虑意义联系，才能做到准确。

在独白式的话语中，论述问题时，为了突出重点、引起注意，常常运用设问的修辞方式。设问是自问自答，至少要运用两个句子，因此，一个设问也就是一个运用问答句式组合的句群。我们这里着重的是这一种。又由于设问是有问必有答，因此，它的出现，也同样可以用于语言预测。下面仅举运用设问组合句群的例子。

> 用例十三：(1)植物是不是也会睡眠呢？(2)会的，不过，我们所指的是植物的种子。（林续中《生物的"睡眠"》）

用例十三两个句子运用问答句式组合成为解证句群。

3.运用对偶句式接应

这里主要指散文中的对偶句式。散文中的对偶不像诗歌中的对偶那样有严格的要求和程式。老舍在谈及对话的写作时曾说："我们要全面运用语言，因而须多方面去学习，比如说，在通俗韵文里，分上下句。我们的对话虽用散文，也可以运用此法。上下句的句尾若能平仄相应，上句的末字就能把下句‘叫’出来，使人听着舒服、自然、生动。在适当的地方，我们甚至可以运用四六文的写法，用点排偶，使较长的对话挺脱有力。比如说，在散文对话中插上‘你是心宽体胖，我是马瘦毛长’之类的白话对仗，必能减少冗长乏力之弊。”[①]由此可以说，散文中运用对偶修辞方式除了使人听着舒服之外，主要是使语言挺脱精练。因此，在句子里，常用它来组合两个并列的成分，或把分句组合成复句。如“它们成长以后，在树木花丛间，山石溪水畔，千姿百态，成群结对，犹如带带浮云，片片彩霞，在空中袅绕飘动，不时变化出自然奇观，真是美丽极了。”（丛培香《台湾蝴蝶甲天下》）。某些句群只包括两个句子，如果它们的结构相同、字数相同，那也就是老舍所说的白话对仗。我们认为它们具有对偶的最基本的特点，可以看作运用对偶组合的句群。如：

用例十四：(1)他，是口的巨人。(2)他，是行的高标。（臧克家《闻一多先生的说和做》）

用例十四由两个结构相同、字数相同的判断句对仗组合，两个句子的宾语部分也四四相对；符合白话对仗的基本要求。

4.运用排比句式接应

几个有并列关系的句子，为了增强语势，常运用排比的修辞方式来组合成为句群。这种句群至少应有三个句子，其结构形式也要求基本相同，常见的是三个或三个以上句式相同的句子的组合。如

① 老舍《对话浅论》，《老舍文集》，人民文学出版社，1993 年，第 16 卷第 9 页。

用例十五：(1)如果我们能够研制出一种类似鹰眼的搜索、观测技术系统，就能够大大扩充和提高飞行员的视野和视敏度。(2)如果能够研制出具有鹰眼视觉原理的“电子鹰眼”，就有可能用于控制远程激光制导武器的发射。(3)如果能够给导弹装上小巧的“鹰眼系统”，那么它就可以像雄鹰一样，自动寻找、识别、追踪目标，做到百发百中。(王谷岩《眼睛与仿生学》)

用例十五是由三个条件复句排比组合而成的并列句群。

5.运用肯否句式接应

把肯定句式和否定句式组织在一个句群里，使它们相互映衬、相互补充。这样的句群，观点鲜明、态度明确，可以增强语言的说服力。在诗歌中，这种接应手段不仅得到广泛运用，而且形成一种模式，人们称为“反衬”；我们这里主要介绍散文中的运用。如：

用例十六：(1)这些个都是顾到居民的利益。(2)顾到居民的利益，在从前，哪儿有这回事？(3)只有现在的政权，人民自己的政权，才当做头等重要的事儿，非尽可能来办不可。(叶圣陶《游了三个湖》)

用例十六是一个二重的并列句群，(2)、(3)之间运用肯否句式衔接；(2)是一个运用肯定的反问形式表达的否定句式，(3)是一个运用双重否定形式表达的肯定句式，两个句子组合为一个递进关系的分句群，然后再与(1)组合。

6.运用顶针句式接应

顶针是处于语言链上的相邻句子之间，由相同的语言成分前递后接，语义蝉联不断的一种修辞方式；在语言运用中，特别是儿歌和某些民间口头创作中很常见。顶针从上下承接、首尾蝉联的语言形式看，有词语的顶针、分句的顶针；从运用这一手段组成的语言单位看，有句子、句群、甚至于段落，因此需要注意分辨。

用例十七：(1)什么是“世态”？(2)“世态”就是社会的面貌，就是人间百态，就是生活中五光十色的现象和故事。(《什么是“世态”》，见《中华少儿阅读全书》小学卷，下册)

用例十八：**1**(1)有个农村叫张家村。(2)张家村有个张木匠。**2**(3)张木匠有个好老婆，外号叫个“小飞蛾”。(4)小飞蛾生了个女儿叫“艾艾”，算到1950年阴历正月十五元宵节，虚岁二十，周岁十九。(赵树理《登记》)

用例十七是一个运用词语顶针手段组合的句群，两个句子之间用“世态”前后衔接；同时也运用了问答的手段。用例十八有四个句子，相邻的两个句子之间都运用了词语顶针的修辞方式，从表达效果上看，语义承接紧密，清楚地交代了故事中几个主要人物之间的关系。但是，这四个句子由于在内容上各自独立，不是围绕某个中心展开，因而很难从中概括出一个能够把它们的内容涵盖在内的中心思想来。这也就是说，这四个句子虽然有形式上的连贯，但是，它们不是意义上的“统一体”，因此，不能组合为一个句群。从句群是形式和意义相结合的“统一体”这一基本特性考虑，用例十八可以切分为两个句群：(1)、(2)是一个，介绍张家村的张木匠；(3)、(4)是另一个，介绍张木匠和小飞蛾夫妇俩的女儿艾艾。两个句群内部都运用顶针手段衔接，两个句群之间也是运用顶针手段衔接。从许多用例看，运用顶针手段衔接的语言单位，前一个句子的作用主要在于引出一个新的话题来，后一个句子则是对这一话题的说明，因此语义重心往往在后一个句子。我们对用例十八中四个句子的切分就是居于这种认识。似乎有这样一条规律，连续运用两个或两个以上的顶针手段，在复句、段落、篇章（特别是儿童歌谣、故事）中较常见。而句群中、段落间常见的则是运用一个顶针手段组合两个句子或两个段落；前者如用例十七，后者如陈毅（1961）诗《示儿女》。

运用句式接应，常常能使句群内部增强凝聚力。同是句式接应，承省、对偶，精练简洁，问答、顶针，自然蝉联，排比、肯否，感情浓烈、态度鲜明；因此，选用得当，可以使语言表达多姿多彩，富于感染力。

（三）辞格接应

这里的辞格，主要指修辞学中从表达内容角度划分出来的一些修辞手段。这类修辞手段比较多，哪些可以起到组合句群的作用，更是有待研究。就目前的成果看，比喻、双关、反复、拟人、呼告、拈连、对比、换算都比较常见，仿用、夸张、飞白、借代等也有所见。这里举例介绍常见的几种。

1.运用比喻辞格接应

句群以上的语言单位运用比喻来接应是很常见的，几乎各种文体、语体的语言运用都离不开它。这与比喻可以使语言生动形象、深入浅出，是人民大众喜闻乐见的修辞方式有关。下面举说明文中的用例。

用例十九：(1)电子计算机是怎么工作的呢？(2)我们拿打算盘来比方。(3)当你打算盘的时候，算盘是进行运算的工具；纸和笔，用来记录各种数据；人，控制着整个运算过程。(4)电子计算机好比一个电子"大算盘"。(5)在电子计算机里，有一个计算器，它好比算盘，是进行运算的工具；有一个"存储器"，它好比纸和笔，用来存储各种数据；有一个"控制器"，控制各部分进行工作。(6)另外，还有输入数据用的"输入设备"，它好比电子计算机的眼睛，"输出设备"，它好比电子计算机的嘴巴，能把计算结果告诉人们。(7)电子计算机就是由"运算器"、"存储器"、"控制器"、"输入设备"和"输出设备"五部分组成的。(叶永烈《奇妙的电子计算机》)

用例十九是由七个句子组成的五重解证句群，第一重在(1)和(2)至(7)之间，同时运用比喻辞格和问答句式接应；第五重在(3)、(4)和(5)之间，三个句子运用比喻辞格组成连贯分句群，同时也运用重复相同的词语来接应。

2.运用双关辞格接应

有些句群是运用双关辞格来衔接的，这在记叙文中较为常见。如：

用例二十：

正在这个时候，恰巧有一群小孩也来看茶花，一个个仰着鲜红的小脸，甜蜜蜜地笑着，唧唧喳喳叫个不休。

我说："童子面茶花开了。"

普之仁愣了愣，立即醒悟过来，笑着说："真的呢，再没有比这种童子面更好看的茶花了。"

(1)一个念头忽然跳进我的脑子，我得到一幅画的构思。(2)如果用最浓最艳的朱红，画一大朵含露乍开的童子面茶花，岂不正可以象征着祖国的面貌？(3)我把这个简单的构思记下来，寄给远在国外的那位丹青能手，也许她肯再斟酌一番，为我画一幅画儿吧。(杨朔《茶花赋》)

用例二十一：(1)“你们算了！”老师笑着说：“你们算了！算了！”(2)“我们算了，算了。我们算出来了！”(3)“你们算啦！好啦好啦！我是说，你们算了吧，白费这个力气做什么？”(徐迟《哥德巴赫猜想》)

用例二十包括四个自然段，前三个自然段都是独句段，可以组合为一个句群；第四个自然段包括三个句子，也是一个句群。两个句群中的“童子面茶花”都表达了双关的意义：前者指儿童幸福的笑脸，后者指祖国繁荣的形象。用例二十一则运用“算了”的语音双关把三个句子组合在一起。

3.运用反复辞格接应

语言运用中，为了强调或突出某些词语或句子，使语义中心或焦点显赫，常常运用反复修辞手段。反复就是相同的语句重复出现，可以是连续重复出现，也可以是间隔重复出现；重复出现的语句一般是完全相同，也可以稍有变化。运用反复组合而成的语言单位，可以是句子、句群、段落直至篇章。因此，探讨连贯话语的组合和切分，都可以参考重复出现的语句。下面仅举句子组合为句群的用例。

用例二十二：(1)是的，人们爱台湾的蝴蝶，因为它们是美丽的；凡是美丽的东西，总为人类所喜爱。(2)人们爱台湾的蝴蝶，因为它们是报春者；海峡两岸的同胞，都盼着它们早日报告春天的消息。(丛培香《台湾蝴蝶甲天下》)

用例二十二是间隔反复，重复出现的是复句形式的“人们爱台湾的蝴蝶，因为它们是美丽的/报春者”。

4.运用拟人辞格接应

在语言运用中，拟人手段常常需要使用大于句子的语言单位。不少科普读物，不仅有大量运用拟人手段组合的句群；有的甚至通篇运用拟人的表达手法，如朱毅麟《洲际导弹自述》、高士其《我们的土壤妈妈》等。在记叙文中，运用拟人手段组合的句群也不少见。如：

用例二十三：(1)没有风，海自己醒了，喘着气，转侧着，打着呵欠，伸着懒腰，抹着眼睛。(2)因为岛屿挡住了它的转动，它狠狠的用脚踢着，用手推着，用牙咬着。(3)它一刻比一刻兴奋，一刻比一刻用劲。(4)岩石也仿佛渐渐战栗，发出抵抗的嗥叫，击碎了海的鳞甲，片片飞散。(鲁彦《听潮》)

用例二十三运用描写人物动作、心理、感情的词语描写大海和岩石，是运用拟人的手法来组合句群；此外，也运用了指代词语“它”和重复关键性词语“海、岩石”等手段。

5.运用呼告辞格接应

呼唤所描述的人或物，并同他们对话，这样的修辞手段就是呼告。如：

用例二十四：(1)洞庭啊，洞庭！(2)在你这里，天上、地面、水下，处处都闪耀着珍珠的异彩，你就是镶嵌在我们伟大祖国大地上的一颗珍珠！(谢璞《珍珠赋》)

用例二十四运用了呼告手段，同时还运用了比喻和指代。

6.运用拈连辞格接应

利用上下文的联系，巧妙地把适用于甲事物的词语顺势运用到乙事物身上去，这就是拈连手段。如：

用例二十五：(1)从小就会推车，可那时是赤臂滚钉板，推得腰弓背弯，推不完的冤深仇重，推不完的苦难；如今推的是啥？(2)推的是胜利，推的是希望，越推腰背越直，越推心越甜。(王颖《车轮滚滚》)

用例二十五从“推车”顺势拈连到“推冤仇、推苦难”和“推胜利、推希望”之间的对比，寓意深远、耐人寻味。这个句群也运用了问答句式和重复同一词语的组合手段。

7.运用对比词格接应

这里的对比包括相反事物、现象、思想之间的比较，即修辞学中称为“反衬”的辞格；也包括不同事物、现象、思想之间的某些相似点的比较，即修辞学中称之为“映衬”的辞格。语言表达中运用对比，通常要用句子以上的单位，更为常见的则是句群。如：

用例二十六：(1)电子计算机在工农业生产和科学研究中的应用更是举不胜举。(2)比如，设计上海那座高达206米的电视塔时，要详细计算塔内各种应力，才能算出该用多粗的钢梁。(3)如果用算盘计算，起码要算半年以上。(4)可是，用电子计算机只花几分钟就算出来了。(叶永烈《奇妙的电子计算机》)

用例二十六是个多重句群，其中，(3)、(4)之间运用对比手段组合，是人用算盘计算的速度和电子计算机计算的速度之间的对比；这是快慢的对比，属于相反现象之间的对比。

8.运用换算辞格接应

从可接受性的角度考虑，把某些难于认识或者需要特别强调的数量加以形象化的处理，这就是换算。换算通常运用折合的方法、比喻的方法、比较的方法，在复句和句群中较为常见。如：

用例二十七：(1)据历史记载，他在位37年，陵墓就修建了36年。(2)修陵的民工达70万。(3)墓内的建筑和布置非常讲究。(4)别的不说，光是这兵马俑坑，烧制几千个和真人一样的陶俑，就是一件多么巨大的工程呀！(5)当时秦朝全国总人口2000多万，壮丁也不过700万。(6)也就是说10个壮丁中就有一个被征去替秦始皇修坟，这对老百姓是多么沉重的负担呀！(何礼荪《秦陵兵马俑》)

用例二十七中的(5)、(6)是个解证分句群，运用数量折合的换算来组合。

二　句群的内部接应(下)

(四)音气接应

运用各种语音形式、韵律特征和语气、语调来组合句子或者句群，我们称之为音气接应。音气接应，在诗歌创作中受到普遍重视，有一套颇为完整的程式，在散文中，虽曾引起如像王力、叶圣陶等著名语言学家、语文教育学家的关注，但是，从事这方面研究的学者还不多见。这也许是因为传统语言学和语文教学都或多或少忽略了口语的研究和运用吧。80年代以来，情况有了变化，人们越来越多地关注口语表达能力的提高，口语研究得到空前的重视。在这种形势下，人们对于散文语言的音气连贯、上口悦耳的追求，就不再局限于声音之美的探求，而是进一步深入研究语音节律对词语、语句的制约作用，冀望能从语音节律制约的角度来解释某些语法现象。

和其他语言相比较，汉语是一种极其重视语音节律的语言。“节律”即节奏的规律。节奏是事物有规律的重复和变化，大千世界，万事万物都有节奏。节奏的存在有客观基础，也有主观的安排，语言的节奏就是这样。文炼指出：“语言节律的客观依据主要体现在两个方面，一是构成节奏时有特定的可供选择的要素和方式，二是在安排节奏时要考虑到某些选择限制(selection restriction)。”[①]关于构成节奏的要素，我们认为，在现代汉语中至少应包括音节、平仄、韵脚、重读、停顿、语气、语调、语速等；关于构成节奏的方式，我们认为大致应当有音节的匀称、平仄的相从、声韵的和谐、重轻的配合、抑扬的安排、疾徐的更替等，此外还可充分运用词的双声、叠韵、叠音等形式来表现语言的节奏美。

在口语交际中(包括把书面语言转化为口头语言，如广播中的有稿播音)，人们总是自觉或不自觉地选择和运用上述构成节律的要素和方式，使连贯话语协调流畅，富于节奏感、音乐美。我们于是认为，探讨连贯话语的组合手段，也应考虑到这方面的情况。下面就我们观察所得，分类举例说明。

1.运用调配音节接应

遣词造句要求音节匀称，是汉语修辞的一个特点。从一

---

① 文炼《汉语语句的节律问题》，《中国语文》，1994年第1期。

个句子看，符合这个要求，念起来就顺口，听起来就悦耳，有一种整齐和谐的美；从一个句群看，符合这个要求，除了声音上的琅琅上口之外，还给人一种整体感，让人觉得它就该看作一个“统一体”。在前面我们谈到的接应手段中，运用对偶、排比、反复的手法来组合句子的句群，可以说大都是讲究音节匀称的，因此，换一个角度说，它们也是运用调配音节的手段接应的。不过，散文毕竟不同于韵文，散句才是它的基本形态，整句只是它的辅助形态。因此，散文对音节调配的要求，主要是运用错综的修辞手段来调节，在长短不一、字数不同的散句中适当安排一些长短相同、字数相同的整句，使语言运用显得变化中有稳定，参差中有匀称，造成一种匀整平稳而又活泼灵动的整体效果。在语言表达中，运用这种方法来组合复句、句群的例子俯拾皆是，这里仅举句群的用例。

用例二十八：(1)人生八旬，已是暮年。(2)可东安市场，逢上这改革的年代，却是春风化雨，长青不衰。(《今日京华·东安春秋》解说词)

用例二十八的(1)是由两个四字格组成的句子，(2)中的第二个分句，宾语部分也用两个四字格组成；两个句子中的两对四字格遥相呼应，给人一种整体感。这个用例还运用对比手法和关联词语“可”组合。

胡裕树主编的《现代汉语》中说：“音节的匀称也表现在两个方面：一是句内的音节连接，不要忽长忽短，站立不稳；一是句间的音节对应，要求结构整齐，形式美观。”[①]这里，“句间

① 胡裕树主编《现代汉语》(重订本)，上海教育出版社，1981年，第435页。

的音节对应”很大部分体现为句群中的句子与句子之间的音节协调对应，应当充分利用。

2.运用声韵和谐接应

按照我国音韵学传统的分析方法，汉语的一个音节可以分为两个部分：声母和韵母。声韵的和谐，既指利用合辙押韵造成的同音相应的回环复沓，也指利用双声叠韵造成的悠扬流畅的声音之美。

(1)运用合辙押韵

句与句之间的合辙押韵，是指句末有规律地出现韵母相同或相似的音节。关于押韵的修辞效果，朱自清曾认为，押韵使得同一个音在同一个位置上不断重复，这种声音上的回环复沓“可以帮助情感的强调和意义的集中”[①]在散文中，一个句群的几个句子，如果能适当考虑韵脚的和谐，也就可以帮助意义的集中，有助于“统一体”的内部连贯。如：

> 用例二十九：(1)有一年的寒冬腊月，失去母亲的贫农女儿小秀国，一时还穿不上合身的棉袄。(2)一天，北风呼啸，小秀国蜷缩在屋子里。(3)忽然门外响起了那亲切的“鞑鞑”声。(4)呵，是年轻的书记，冒着风雪给孩子送来了表里三新的棉衣！(《灿烂的青春》，中央人民广播电台)

用例二十九(2)、(4)两句的“里”、“衣”同属“齐”韵，隔句押韵。整个句群由于相同韵母的反复出现，听起来回环复沓、和谐悦耳，并且借助同音相应，两个句子的联系也更为紧密。

---

① 朱自清《诗韵》，《新诗杂话》，作家书屋，1947年，第148页。

(2)运用双声叠韵

双声和叠韵是汉语双音词的两种特殊形式。人们常利用它们的声母相同或韵母相同所产生的“声音之美”来进行修辞活动,使语言音律整齐、悠扬动听。一个句群中的几个句子,如能适当选用双声叠韵词,除了可以收到声音的回环美之外,还可以使几个句子紧密无间、相应相谐。如:

用例三十:(1)夜光白,又叫“月宫花”,像月光那样晶莹,似白玉样皎洁。(2)相传是嫦娥把它种植在月宫里,吸饱了月光之精灵,故能放射光芒。(花卉系列片《国色天香献人间》解说词,武汉电视台)

用例三十一:(1)早晨,一片通红的阳光,把平静的江水照得像玻璃一样发亮。(2)长江三日,千姿万态,现在已不是前天那样大雾迷蒙,也不是昨天“巫山巫峡色萧深”,而是“楚地阔无边,苍茫万顷连”了。(刘白羽《长江三日》)

用例三十(1)的“皎洁”双声,“晶莹”叠韵,(2)的“精灵”、“光芒”叠韵;两个句子都利用同声相应,造成回环跌宕的音乐美。用例三十一中,“通红、阳光、平静、长江、前天、苍茫”都是叠韵,其中“阳光、长江、苍茫”同属“唐”韵,起到了很好地利用同声相应把(1)、(2)组合在一起的作用。此外,(2)中的“迷蒙”是双声词。

3.运用平仄相从接应

一句话中,词语和词语,分句和分句,或者一个句群中,句子和句子,它们相互间的平仄相间、抑扬交错,很值得注意。刘勰在《文心雕龙·声律》中说:“异音相从谓之和”,就是指在语言旋律上，不仅要有同声相应，也要有异音相从，才会抑扬抗坠、优美和谐。沈约在《宋书·谢灵运传论》中也说：“夫五色相宣，八音协畅，由乎玄黄律吕，各适物宜，欲使宫羽相变，低昂互节，若前有浮声，则后须切响。一简之内，音韵尽殊；两句之中，轻重悉异。妙达此旨，始可言文。”这也是强调遣词造句时，应当注意语音的高低升降、起落跌宕，才能形成轻重疾徐、相反相成的节奏美。依据上述各大家所言，可见平仄的讲究主要还是求“异音相从”：从律诗的要求看，一句之中，平仄交替成为节奏，这是异；一联之中，出句的平仄和对句的平仄相反，这又是异。散文中又该怎么办呢？当然不会像诗歌，特别是律诗那样要求。对于散文句式的平仄问题，我们认为，从声音之美和上口悦耳的角度说，至少应尽量做到不在一个句子中全用平声字或全用仄声字；在句与句之间，也应注意平仄的相间，防止“一顺边”。胡裕树主编《现代汉语》中说：“平仄相谐主要表现在两个方面，一是不同的句子的末尾要注意平仄相应，一般是前仄后平；一是句子中要注意平仄重复变化，一般是两字一换。”[①] 从句群组合的角度看，主要应考虑的是“不同的句子的末尾要注意平仄相应”：第一个句子末尾的仄声，正应该叫出后一个句子末尾的平声，反之亦然。因此，利用异音相从，可以使句群内的句子之间不仅保持大体的平仄交错、声音悠扬，而且它们之间的形式连贯也能更为坚实牢固。如：

---

① 胡裕树主编《现代汉语》(重订本)，上海教育出版社，1981 年，第 435 页。

用例三十二：(1)菏泽牡丹甲天下，天下牡丹出菏泽。(2)亲爱的观众，您在各地所见到的牡丹都是从这牡丹国遣嫁出去的儿女。(《泰山南北》解说词，中央电视台)

用例三十三：(1)灵车队，万众心相随。(2)哭别总理心欲碎，八亿神州泪纷飞。(《周总理永垂不朽》解说词，中央电视台)

用例三十二(1)的两个分句之间是上仄下平；(2)的句子末尾是仄声。两个句子组合在一起是"仄平仄"，体现了异音相从的要求。用例三十三(1)的"队"为仄声，"随"为平声；(2)的"碎"为仄声，"飞"为平声。两个句子组合在一起是"仄平仄平"，也符合平仄相间的要求。这个句群的两个句子，尽管都不是对仗或严格的对仗，但都运用了对偶句"上仄下平"的要求，因而读来舒展酣畅，听来情感浓烈，恰到好处地传递了人民对周恩来总理的深切缅怀和无限热爱，令人过耳不忘！

4.运用语用停顿接应

停顿指语句或词语之间声音上的间歇。在一句话里反映语法关系的间歇，通常称为语法停顿，这种停顿常常与标点大致相当。在语言交际中，更常见的是，为了强调某一事物、现象，或为了突出某一语义、感情，在没有标点的地方作一停顿，这种停顿一般称为强调停顿或逻辑停顿，近来也有人称为语用停顿。在一个句子内部，"语段"(或称为"组块")是依据语法停顿切分出来的"意群"；在一个句群内部，句子是依据语法停顿切分出来的"意群"；在一个段落内部，如果这个段落不止包括一个句群，那么，语用(强调)停顿就有可能成为切分句群的依据。当语用停顿被人们用来切分句群这个大于句子的

"意群"时，它通常比句末的停顿长，因此，如果需要记录下来的话，那么它的书面表达方式不可能是句号，而常常使用表达话题转换、话语中断或声音延长意思的破折号或省略号。依据这一现象，我们认为，这种语用停顿实际上也是一种组合和切分句群的方法。如：

用例三十四：

梦梅弟：(1)刚才我差一点儿摔了一跤，呵呀，这么深的草！(2)里面没有蛇吗？

老　仆：**1**(1)蛇么？(2)蛇倒是没有的，可是你别踩湿了脚，这几天下雨，里面水很深呢。**2**(3)……好了。(4)就是这间屋子了。(5)让我开门。**3**(6)……您看，什么都是现成的。(7)你们二位早些睡吧。

（田汉《湖上的悲剧》）

用例三十五：

罗心刚：(对李子良)**1**(1)蒸化你去搞，直接由我负责。(2)限你们月内把次品降下来，否则这个合同就全泡汤了，明白吗？**2**(3)——有困难吗？(4)要有现在说话，别到月底来跟我喊冤枉。**3**(5)——(对蒋定安)平洗机上有个电动机不正常，你去看看。

蒋定安：(1)没听说啊？(2)噢，是马达，不是电动机。

（宗福先　贺国甫《血，总是热的》）

用例三十四是一段二人对白，其中，老仆的话语中有两处语用停顿，书面形式用省略号表示。这两处停顿都用于表明话题的转换，因此，可以依据它把老仆的话语切分为三个句群。用例三十五也是一段二人对话，其中，罗心刚的话语中有两处语用停顿，书面形式用破折号表示。这两处停顿，第一处用于表明话题转换，第二处用于表明说话对象的更换，因此，可以依据它把罗心刚的话语切分为两个句群和一个句子。在这个用例中，罗心刚话语中的最后一句话则是与蒋定安的回答组合为一个句群的。在戏剧作品中，一个发话人的一番话切分为二，前一部分与他之前的发话人的话语组合为句群，后一部分与他之后的发话人的话语组合为句群，这种情况是很常见的。话语语言学认为，剧情或谈话内容的发展是通过一个个连续不断的话轮转换实现的，两个话轮就组成一个话对。从我们分析大量戏剧对话的话轮和话对所得的材料看，话轮和话对与句群既有不同，又有交叉重合，不是相同的概念；因此分析戏剧对话是研究口语句群的重要内容，从中可以发现不少有别于书面句群的特点。

5.运用语调造型接应

语调不同于声调，这好理解；语调不同于句调，这就需要作一番说明了。人们说话，除了每个音节（或“字”）原有的声调之外，整个句子还会出现用以表达意思和感情的抑扬顿挫的语音基调，这种贯串整个句子或话语的音调，一般称为语调；不过，也有人把它叫做句调。我们认为，最好把这两个术语分开使用，句调用来专指由语气决定的句子的高低升降，它是组成语调的重要因素。一般说来，句调在句末的词上体现得较为明显，因此可以依据句末词语的高低升降来对它进行抽象和分类，并且可以运用句末的标点来记录或表示。我们通常所说的，陈述句、祈使句、感叹句的句调是降调，疑问句是升调，就是这样概括出来的。在语言运用中，一个句子实际出现的抑扬顿挫、跌宕起伏，决定于表达内容和思想感情的需要，而构成它的因素除了句调，还有声调、轻重、顿歇、快慢等诸多方面。因此，语调的问题远比句调复杂。并且，语调不仅是贯串整个句子的音调，而且也是贯串整个句群、整个段落，有时甚至是整个篇章的语音基调。既然语调是句子里、句群里用来表达意思和感情的语音基调，那么，利用它的相宜或相左，应当是可以帮助我们组合或切分句群的。如：

用例三十六：(1)我不禁一颤：多可爱的小生灵啊！(2)对人无所求，给人的却是极好的东西。(3)蜜蜂是在酿蜜，又是在酿造生活；不是为自己，而是为人类酿造最甜的生活。(4)蜜蜂是渺小的，蜜蜂却又多么的高尚啊！(杨朔《荔枝蜜》)

用例三十七：

春天像刚落地的娃娃，从头到脚都是新的，它生长着。

春天像小姑娘，花枝招展的，笑着，走着。

春天像健壮的青年，有铁一般的胳膊和腰脚，领着我们上前去。

(朱自清《春》)

用例三十六表达的是“我”对生命短促的“小生灵”——蜜蜂为人类造福的精神品质的赞叹。这时的“我”思想感情已有很大的变化：从对蜜蜂的“总不大喜欢”、“疙疙瘩瘩的”到“不觉动了情”、“不禁一颤”，认识出现了飞跃；所以这个句群表达的是“我”喜爱和赞叹蜜蜂的感情高潮。因此，这个句群的起始和结尾即(1)、(4)用感叹句，赞叹之情溢于言表，两个句子的句调则是前高后抑;这个句群中间的(2)、(3)两个句子用陈述句,深情叙述蜜蜂的高尚行为和品德,句调也是前高后抑。综合看来,整个句群的语调则是开始用高平调,结尾用渐缓速度并有较大停顿,既表现了“我”的炽烈情感,也给人留下了深沉的回味。此外,几个句子中一些限制性、对比性词语,如(1)中的“多”、(2)中的“对人、无、给人、极好”、(3)中的“蜜、生活、自己、人类、最甜”、(4)中的“渺小、高尚”都处理为重读。在一个句群中,强调重音的出现,有时可以起到维系一个句群内部高度统一的作用。如果再深入到每个句子的内部,那么,可以看到(2)的两个分句,主语和谓语之间有逻辑停顿:“对人 ' 无所求,给人的 ' 却是极好的东西。”(“'”表示逻辑停顿)前一个分句的句调为扬升,后一个为降抑。(3)的分号之前有两个并列分句,这两个分句的句调,前为扬升,后为降抑;之后有两个选择分句,这两个分句的句调也是前升后抑。(4)的两个分句有转折关系,两个分句的句调也是前升后抑。三个复句内部分句句调的匹配十分和谐,使整个句群在语调上形成一个抑扬顿挫、跌宕有序的整体;而这种起伏映衬的语音基调,又恰到好处地突现了语义的鲜明对比,为“我”的热情赞叹提供了充分的依据。用例三十七包括三个运用强调分段手法书写的独句段。把原本是一个排比句群的三个句子分作三个自然段书写,这本身就已经透露了作者歌颂春天的感情之浓烈和激越。因此,这三个句子的停顿、重音、句调,都必然是前后照应、一气呵成的;在感情处理上,由于三个句子运用的比喻不同,歌颂的角度不同,因此语气也就不一样。“像刚落地的娃娃”,应是惊喜的语气,强调“新生”;“像小姑娘”,应是赞赏的语气,强调“美好”;“像健壮的青年”,应是信赖的语气,强调“力量”。又由于这三个比喻是层递发展的,暗示着春天——美好的生活正越来越临近,因此,结尾的“我们”之后应有拖音,“上前去”应轻读,以造成言虽尽而意未了的震颤人心的语调。

6.运用语速变化接应

语速指说话时语音流逝的快慢,它是音气接应的重要方面。在句子范围内,词语或组块声音的长短或快慢,是构成语速的基础。不过,语速的异同,往往要在句子以上单位的比较中才明显,所以,语速研究探讨的单位往往大于句子。语速一般分为快速、中速、慢速三种。在口语表达中,语速的变化通常与内容、感情有关。如:

用例三十八:(1)一分队在左,二分队在右。(2)快!(3)别让罪犯跑了!(电影《龙年警官》对白)

用例三十九:(1)各位听众,曾在西安事变中叱咤风云的张学良先生,今天和夫人赵一荻接受了大陆记者的采访。(2)张学良先生虽患有眼疾,听力也不大好,但看上去红光满面,健康结实。(3)张学良先生表示,希望能有机会回大陆老家来看看,但时间不能确定。(《张学良接受大陆记者采访》,中央人民广播电台 1992 年9月 10 日播出稿)

用例四十:(1)1997 年 2 月 19 日,我们敬爱的邓小平同志不幸与世长辞。(2)神州震动,举国同悲。(3)全党全军全国各族人民深切悼念,沉浸在极度哀痛之中。(《深切悼念敬爱的邓小平同志　缅怀功绩继承遗志共创伟业》,中央电视台 1997 年 2 月 25 日播出稿)

用例三十八是在追捕罪犯过程中上级对下级发出的命令，三个句子的句调都是降抑调，但是由于形势紧迫、急于行动，因此声高音短、快速发出，三个句子如珍珠落盘、一气呵成，整个句群用快速说出。用例三十九是一条新闻短讯，报道张学良夫妇的行踪，说话人心情平静、客观介绍，因此，三个句子的句调平直，句子和句子之间停顿适中，每个句子内部的顿歇、轻重、快慢呈常规状态；整个句群的语速为中速，音流平稳舒缓，没有显著的对比变化。用例四十是悼念伟人逝世，说话人心情悲痛、声音沉重，因此三个句子在降抑句调的状态下还运用低调、慢速，适当延长句子与句子之间的停顿，使整个句群的音流呈现庄严肃穆、宁静有力的凝重状态。

在一段比较长的连贯话语中，常常交叉运用或不断变换语速，因此我们可以利用它来组合或切分句群。如：

用例四十一：**1**(1)劲松地区有6000多口老人，累了大半辈子，退休回家没事干，闷得慌。(2)这身子骨就显得乏了。**2**(3)这不，几位呀凑一块堆儿一合计，干脆，弄个老年服装、迪斯科演出队得了。(4)这信儿一传开呀，嘿！(5)来参加的人就跟水似的，还挺多。(6)眼下，足有四百来人了。(《今日京华·“老来俏”》解说词)

用例四十一依据语速可以切分为两个句群：**1**和**2**。**1**是节目主持人对有关情况的介绍，叙述语气，语速舒缓，用中速。**2**虽然也是通过主持人说出的话语，但是，它反映的却是老年服装、迪斯科演出队“几位”倡导者创业之初的经历；适应内容和感情的需要，**2**的语调就有较大的变化。首先是，语用停顿增多，表达情感的词语和语气词，如“干脆、嘿”的运用，其次是，

“几位呀一合计、这信儿一传开”这种“X—Y”结构的运用，又其次是用“得了、还挺多”这种戛然而止的词语做谓语；这些语言形式的选择使这个句群的表达基调呈现出一种热烈追求、急切期待而终于如愿以偿的欢快氛围。在这种氛围的支配下，这个句群的语速自然加快，语流也出现抑扬跌宕、疾徐顿挫的千变万化，让人有如闻其声、如见其人、如入其境并与之共命运、同欢乐之感。

前面分析的用例表明，语速的运用与内容、感情有关，因此运用语速组合话语时一定要考虑内容、感情的需要，快慢的选择要合乎情理、合乎前后语言环境，切切不可滥用。

（五）语意接应

语意接应通常是指运用“意合”法组合语言单位。不过，语言学界对“意合”的认识并不完全一致。就赞同者而言，也大致有两种不同的解释：一是指没有运用关联词语、仅凭意义相承组合分句的现象，比如《牛津英语词典》对 parataxis（意合法）的解释是：没有用连词指出相互（并列的或主从的）关系的、前后衔接的分句（clauses）的意思排列。另一种解释是：语句内，凡是没有语法形式表示但是意义相互关联并以之直接组合的现象，均为运用“意合法”组合的语言单位。两种解释仅在所指范围大小上有不同，而基本意思则都把“意合法”看作是与“形合法”（凭借一定形式标志组合的方法）相对立的方法。按照这一认识，“意合法”是指，不凭借语言形式、只凭借语言意义组合语言单位的一种语法手段。近些年来，在讨论汉语语法特点时，有人认为，汉语的特点是重“意合”，并试图建立汉语的“意合”语法体系。我们认为，如果语言单位的组合手段仅指传统意义上的“语法形式”，又如果“语法形式”又仅指印欧语言的“狭义形态（词的形态变化）”；那么，这样的“形合法”在汉语中的确不多，在这一意义上说汉语是重“意合”、轻“形合”的语言，是可以理解的。但是，如前所说，一是语言的意义和形式是不可分割的同一事物的两个相互依存的方面，因此，要绝然区分“意合手段”还是“形合手段”不仅没有必要而且也不大可能。二是语言单位的形式组合手段可以是多种多样的，“狭义形态”根本不能代表它的全部；即使在传统语法范围内，也早就有人指出，“形合”可以是广义的，可以包括任何能够表示逻辑语义关系的语言形式，如轻重音、停顿、语序和虚词等。因此，我们认为，任何组合手段都既为形式的，又为意义的；不过二者在不同的情况下，显隐的程度会有不同。一般说来，“形式”通常体现为一定的形式标志，而“意义”则不一定；这就是为什么当我们走近语言事实时，最容易把握的就是“形式”的原因吧。但是，形式和意义的统一并不妨碍我们分别从不同角度去观察、研究它们，只要需要，我们可以着重探讨它们的一个方面而暂时置另一方面于不顾。可以说，在讨论词语接应、句式接应、辞格接应和音气接应时，我们着重的就是形式的方面，是从形式组合入手去探求意义联系。而在这一小节里，即在讨论语意接应这个组合手段时，着重的将是意义的方面，我们将从语义组合入手去印证形式联系。对于口语交际，或接近口语的书面交际中出现的一些被人们称为“流水句”和“零句”的语言现象，从意义组合入手去解释形式的采用也许会更令人信服一些。下面从语意接应的角度分析一些实例：

用例四十二：**1**(1)现如今北京城什么地方最热闹？(2)您一定会说："庙会呗！"(3)这话呀，您算说对了。**2**(4)北京老辈儿就有逛庙会的习俗，尤其是到了春节。(5)那逛庙会的人呀，就更扯了去了。(6)人碰人的，那叫一个挤。**3**(7)近些年来咱们北京庙会一年比一年办得热闹，庙会上您就瞅去吧，那打把式的，练艺的，准能让您看得眼花缭乱。(8)这是走高跷，演员的功夫全在脚上，三尺的高跷要走出个影儿来，时不时的还来点儿花活。(9)您瞧这招儿怎么样？(10)这位耍的是叉，就凭这光着膀子练，要是没点儿真功夫，能行吗？(11)拉洋片的可有年头没见了，当年天桥"大金牙"的拉洋片，嘿！(12)跟您这么说吧，真比听戏还过瘾。(13)写砂书的，岁数小的还没见过。(14)说相声的，能说得您五迷三道的。(15)要说这摔跤、耍中幡的，过去的练家子，也得让天桥的宝三儿。(16)现在庙会又多了一样新鲜的，放风筝。您瞧，这位老者悠闲自得的，放得有滋有味儿。(17)这变戏法的，明知道都是假的，可看的主儿呀，还是瞧直了眼。(18)愿看硬功夫，您瞧这怎么样？(19)头碰石碑，够硬的吧。(20)这捏面人儿，谁都见过，可这位捏的这些玩艺儿是什么都有，您就瞧去吧，您能瞧出点儿意思来，细琢磨，还真是那么回事儿。(21)用知了皮做毛猴儿，是北京的一绝。(《今日京华·京都庙会》解说词)

用例四十二包括三个句群：**1**、**2** 和 **3**。**1** 包括三个句子，通过运用自问自答的手段组合，是个连贯句群，说如今北京城最热闹的地方是庙会。**2** 包括三个句子，通过语义关联接应，是个二重的并列句群，说北京老辈儿逛庙会的情景；提到逛庙会的习俗也就会想到逛庙会的人，两方面的内容衔接自然。**3** 包括十五个句子，是一个多重的总分句群。这个句群的(7)和(8)至(21)之间是第一重，(7)总说近些年来北京庙会一年比一年热闹，庙会上，打把式的、练艺的，门类繁多，人们可以大饱眼福；(8)至(21)分别引导观众去领略走高跷、耍叉、拉洋片、写砂书、说相声、摔跤、耍中幡、放风筝、变戏法、耍硬功夫、捏面人儿、用知了皮做皮猴等十二种竞技、杂耍和手艺的受人欢迎和撩人劲儿。这个句群没有运用通常组合总分句群时常用的词语手段，而是运用主持人犹如当面、边瞧边说的口吻，设问反问、自问自答的语气，介绍评点、抚今追昔的穿插，身心投入、欢快热情的语调；穿珠引线，把十五个句子紧密地串连在一起，共同表达了如今北京庙会的空前盛况。这个句群就它没有采用词语关联的手段来说，可以说是比较典型的"意合"用例；但是，从另一个角度看，它却是充分调动了语调造型的有利因素，使这段话语具有巨大的煽情力量，看过这部电视片的人，还有不想去庙会上见识一番的吗？

在话语语言学中，话语的意义连贯是各家各派普遍关注的问题。单就局部连贯而言，一个话题链中几个"主题·述题结构"之间的前后衔接的类型研究，已经取得很大进展。就句群这个话语单位而言，它最小也应该包括有两个"主题·述题结构"。在一个句群内，两个或者更多的"主题·述题结构"相互之间意义方面的推进和衔接是有规律可循的。就我们的观察，常见的有如下几种：

1.同一主题连接多个述题

用例四十三:(1)一条丝线般的小路串珠子似地把它们连在一起了。(2)小路是细沙铺成的,踩上去松软软的,丫头不用担心蹭痛阿婆的小脚。(3)小路隐在花丛树林里弯来绕去,丫头生怕阿婆走累了。(王小鹰《老河湾外的小岛》)

用例四十三的(1),(2)的第一、二两个分句和(3)的第一个分句,主题都是"小路";述题则互不相同。(2)的第三个分句和(3)的第二分句,主题都是"丫头",述题也各不相同。不同的述题分别从不同的角度陈述同一个主题,这种意义上的联系就使这个句群自然形成一个"逻辑统一体"。

2.多个主题连接同一述题

用例四十四:

(1)又下了一冬雪,早晨,雪止了。(2)村子的屋顶上,稻草垛和篱笆上,拖拉机站的木棚上,都披着白雪。

(1)山上的松树林和竹林子,都披着白雪。(2)那高高的枫树和野林树,它们的树干、树枝上都披着白雪。

(1)远山披着白雪。(2)石桥披着白雪。(3)溪石披着白雪。……

(郭风《松坊溪的冬天》)

用例四十四涉及三个自然段。从语义联系看,第一自然段的(2)和后面两个自然段中的五个句子应该同属一个并列的分句群,因为它们尽管主题不同,但都连接着同一个述题,形成一个"逻辑统一体":万物都披着白雪。

3.一个句子的主题是总主题,其他句子的主题从它派生。

用例四十五:(1)露天会场。(2)西边是黑黝黝的群山。(3)东边是流水汤汤的延河，隔河是清凉山。(4)南边是隐隐约约的古城和城上的女墙。(5)北边是一条路，沿了延河，蜿蜒过蓝家坪，狄青牢，直通三边的阳关大道。(吴伯箫《歌声》)

用例四十五的(1)"露天会场"是总主题，表明这个句群的中心意思：介绍露天会场的周围环境。(2)至(5)的主题分别是"西边、东边、南边、北边"，它们都是以"露天会场"为基准并从它派生而得的；五个句子通过主题派生紧密结合，一般说来，总主题常出现在第一个句子中。

4.第一个句子的述题全部或部分在后续的主题中重现

用例四十六：(1)我们的车子沿着山路盘旋，从车窗外飞过去的是山也是水。(2)山，碧绿碧绿。(3)水，湛蓝湛蓝。(4)山水交相辉映，满眼是绿又是蓝，加上头顶碧空，仿佛漫天飞舞着悠悠的绿韵，简直像置身在一个绿色的世界里。(叶渭渠《初秋伊豆纪行》)

用例四十六(1)的第二个分句，述题为"是山也是水"。后续句(2)的主题为"山"，(3)的主题为"水"，是第一个句子的述题部分重现；(4)的第一个分句主题为"山水"，则是全部重现。四个句子通过语义的重现紧密组合为一个总分总句群。

句群(或复句)中几个"主题·述题结构"之间意义的推进和衔接，情况千变万化，如果要细细加以区分，可以分出不少类型来，这里只是列举最常见的。从中我们看到，不管是哪一种类型，几乎都伴有某种形式手段；或重复同一词语，如**1**、**2**、**4**，或运用方位词语，如**3**。此外，我们还看到，在一个话语链中，往往不止运用一种“意合”法；非单一类型或类型交叉是更为常见的，这一点也和“形合”手段的运用一样。上面是从不同句子之间“主题”或“述题”的意义关联来看话语链意义的推进和衔接的。话语链意义的推进和衔接还可以从整个“主题·述题结构”之间的关系中观察，比如两个“主题·述题结构”或为平行关系，或为主从关系等。

（六）伴随语言接应

陈望道在《修辞学发凡》中说“语言的更广义，又是含有声音语、文字语和态势语这三种。”[①]“态势共有三种：就是表情的、指点的和描画的。如用微笑表示欢喜或许可，蹙额表示愤怒、厌恶或反对，便是表情的。表情的态势虽然似乎多是反射作用，未经反省的，但刺激旁人的功用却颇大。指点的态势，是直接指点对象的态势，如指人说人，指物说物之类。这种态势，自然只能用以指点前后左右视觉可及范围内的事物和方向。在视觉所不及的范围中的事物，便要应用描画的态势来表示。描画的态势又可以分做三种。如一手支头，两眼紧闭，表示睡着，是象形的；伸出大指头表示大，伸出小指头表示小，是指事的。指着前方表示将来，指着后一方表示过去，是象征的。第一种是直写事物的形状，第二种是借他物重要的特征来表示这物，第三种是借适宜描画别方的行动来表示这方的事物。”[②]这可以说是我国语言学界较早系统谈及态势语的。在国外语言学中，对非语言交际手段的研究开始得比较早。

---

① 陈望道(1932)《修辞学发凡》，新文艺出版社，1957年，第23页。
② 同上书，第25页。

有人认为它的理论源头可以追溯到达尔文(1872)《人和动物感情的表现》,不过,多数学者认为,它兴起于本世纪40年代前后,几乎和陈望道的《修辞学发凡》同时。60年代以来,随着跨文化交际的日益频繁和文化语言学的崛起,有关研究有较大发展,出版了一些颇有影响的著作,其中有的在80年代以后陆续翻译引进到我国,促进了我国语言学界对这一交际现象的再度关注。

关于什么是非语言交际?大家比较赞同的说法是:在一定交际环境中,语言因素之外的对于传受双方都有信息价值的那些刺激因素,这些刺激因素既可以是传受双方中某人发出的行为,也可以是由他利用一定环境生成的手段。国外有位学者曾列举这些刺激因素,归纳为二十四种:手势,面部表情,姿势,服装和发式,行走姿势,体距,体触,眼色交流,建筑及室内设计,服饰用品,标示图,艺术和修饰形式,体型,气味,副语言,颜色象征,语言与动作的配合,口味嗜好,气温适应,化装用品,各种信号,时间观念,语言行为中的时间调节和停顿,沉默。我国学者在引进这些看法时,把它们粗略归纳为四大类:体态语,副语言,客体语言和环境语言①。其中,体态语包括基本姿态(姿势和身势),基本礼节动作(如握手、亲吻和拥抱、微笑、体触、女士优先的礼节动作等)以及人体各部分动作(如头部动作、面部表情、眼色交流、臂部动作、手部动作、腿部动作等)所提供的交流信

---

① 毕继万《跨文化非语言交际研究及其与对外汉语教学之间的关系》,《汉语学习》,1993年第3期。

息。副语言包括沉默，话轮转换（turn-taking）和各种非语义声音。关于各种非语义声音，一般指言谈中声音的高低、轻重、长短、停连以及假嗓音、带笑声和各种“会话附加语”（诸如“呃、啊、这个、那么”等）；总之，是伴随说话者的心情、态度、意图、暗示等等出现的各种独特的腔调或临时性的声音造型。

有的学者曾指出，非语言交际手段具有伴随性、示意性和变异性的特点。与客体语言、环境语言相比较，体态语和副语言的伴随性最明显，它们一般不离开语言单独出现，而是在言谈过程中伴随语言一同出现，起着重复、强调、补足、替代、调整话语的语义或者表达与话语规约意义相左的语义的作用，从而是语言运用中必要的补充，是生成或理解话语时不可忽略的一个重要方面。有鉴于此，我们把这部分非语言交际手段叫做“伴随语言”，并且观察了它们在连贯话语中的作用。我们认为，伴随语言不仅是有声语言交际中必要的组成因素，而且是完善有声语言交际的重要手段。这里，我们仅从话语连贯的角度谈谈它的作用。

1.运用指点的体态语接应

在面对面的谈话中，在戏剧对话和散文的人物语言中，运用指点的体态语是发展情节、协调人物关系的需要，也是帮助受众理解剧情的发展、人物的话语的重要手段。如：

用例四十七：

吕雉：（暴怒，大叫）(1)盈儿！(2)他想死？

吕须：**1**(1)姐姐息怒！**2**(2)我去命令刘泽释放郦食其！

吕雉：不用！

吕台:先救郦食其性命要紧,太后!

吕雉:**1**(1)(眼珠一转,凶狠地)让他自己释放!**2**(2)(向吕须)你只告诉刘泽:立刻封锁未央宫,不许任何大臣进出!(3)(顿)不许他损伤郦食其一根毫毛!(4)(顿)否则,叫刘泽提头来见!

吕须:(1)是!(2)刘泽不敢!

(陈白尘《大风歌》)

这是一段三人对话,包括有六个话轮三个话对。其中吕雉的话语中都伴随有体态语,如"暴怒、大叫,眼珠一转、凶狠地,向吕须(的动作)",和非语义的声音,如"顿,顿"。借助这些伴随语言,我们可以准确地理解她的话语的真正含义,同时也可以利用它来准确切分这段话语的句群。比如吕雉的第一轮话语中,通过体态语,我们可以体会到她的话语是对皇帝刘盈的不满和威胁,因此下一轮吕须话语中的两句话应切分为二:**1**、**2**。其中 **1** 是对吕雉的劝慰性答话,应与吕雉的第一轮话语组合为一个二重句群;**2** 是对事件提出处理意见,则应与下一轮吕雉的话语组合成为句群。又比如吕雉的第三次发话也应切分为两个部分:**1**、**2**。**1** 是对前面吕台提出的建议的回答,它和吕台的话语组合成为一个句群;**2** 是给吕须的命令,则与后面吕须的答话组合成为一个二重句群。这样切分和组合的依据是吕雉的第三轮话语中 **2**(2)之前有指点的体态语"向吕须(的动作)",明确规定了这段话语的听话对象。类似"向吕须(的动作)"这样的指点性体态语,在电视节目主持人的语言运用和电视片解说词中很常见。

2.运用表情的体态语接应

在面对面的语言交际中，离不开表情的伴随语言，不过有有意运用和无意流露的区别。有人说，交流双方刚走到一起，就已经充分感受到通过非语言交际手段所传递的信息了。因此，人的举止仪态、一颦一笑真的是不能掉以轻心。在伴随语言中，表情的体态语的功能最完备，表意能力最强，同时，它还可以运用来组合和切分话语链。我们这里仅就后者举例说明：

用例四十八：

礼　官：（高声地）晋庙时间到！

温　敦：单于怎么吩咐？

呼韩邪：（沉默一下，对昭君）昭君阏氏，我刚才晕倒过去，——

王昭君：（吃惊，关切地）怎么了，我的单于？

呼韩邪：**1**（1）现在好多了，可是还是不大舒服。**2**（2）（有礼貌地）加封晋庙的大礼，是不是可以延迟一下，昭君阏氏？

王昭君：（1）（惊讶，立刻，顺从地）当然。（2）谨奉命，单于殿下。

温　敦：（1）（立刻大声传呼）单于有命，晋庙典礼暂停！（2）奏乐停止！

（曹禺《王昭君》）

用例中呼韩邪和王昭君的话语里，括号内的词语如“吃惊、关切地，有礼貌地，惊讶，立刻，顺从地”都是表情性体态语，其中“有礼貌地”兼有切分和组合句群的作用。

3.运用非语义声音接应

在口头交际中，声音的造型是语言的重要方面，它的表情达义功能是谁都承认并十分看重的。在讨论音气接应时，我们也已经接触到口语中利用它们来组合或切分话语的情况。需要说明的是，在非音质音位的语音中，语义和非语义是很难区分的，比如声调、句调（由语气决定的高低升降）、重读轻读、语法停顿，这些声音是语义的还是非语义的呢？又比如“附加语”、带笑声、带哭声、假嗓音、故意抬高或压低声音等等，这些就一定是非语义的吗？所以，对“非语义”只能作宽泛的理解。此外，口语交际中声音千变万化、丰富多彩，因而，要想概括出规律性的东西也同样不易。这里仅就人物对话中的情况举例说明。

用例四十九：

“看样子你有六十了吧？”

“哈哈！六十？这辈子别再想那个好时候了——这个年纪啦。”说着老泰山捏起右手的三根指头。

我不禁惊疑说：“你有七十了么？看不出。身子骨还是很硬朗。”

老泰山说：“嗐，硬朗什么？头四年，秋收扬场，我一连气还能扬它一两千斤谷子。如今不行了，胳臂害过风湿痛病，抬不起来。磨刀磨剪子，胳臂往下使力气，这类活还能做。不是胳臂拖累我，前年咱准要求到北京去油漆人民大会堂。”

（杨朔《雪浪花》）

《雪浪花》中“我”和老泰山的一段对话总共有十六个话轮八个话对，这是其中的第三和第四个话对。在老泰山的话语中“哈哈”记录了带笑声，传达了他的乐观豁达的性格；“嗐”这一表示惋惜的叹词透露了他未能进北京油漆人民大会堂的遗憾。这两个非语义声音的运用，不仅有助于刻画老泰山的性格，而且也起到了组合话语的作用。

三　句群的外部接应

句群的外部接应指句群和句群，或句群和句子组合成为段落的手段。学习句群的基本知识，不仅要掌握句子和句子是怎样组合成为句群的，还要知道句群和句群，或句群和句子是怎样组合成段落的。因为，就大多数情况看，特别是书面语言的运用，段落由句子和句群或两个以上句群组成的比较常见，所以后者更是加强句群学习和研究实用性的重要方面。

从我们目前所掌握的材料看，大多数用于句群内部接应的手段都可用于组合句群成为段落，只是组合的能力有大小、使用的语域有不同。如果一定要说哪些接应手段使用较少或一般不用来组合大于句群的语言单位的话，那么，这里不妨列举一下：语气词、成对使用的连词、反义词语、对偶句式、排比句式、肯否句式、双关辞格、拈连辞格、呼告辞格、换算辞格等。音气接应和伴随语言接应通常用于口语交际，它们组合能力的大小、使用环境的选择尚处在探索之中。

用于句群外部接应的手段，最常见的是时间词语、处所词语、同义词语、顶针句式、比喻辞格、反复辞格、拟人辞格。这些手段也可以用于组合段落与段落，因此可以认为，探讨句群的外部接应也就是探讨如何谋篇。这里不包括科普读物、散文小品、寓言故事、儿童歌谣等等作为表现手法采用的通篇比喻、通篇拟人和通篇顶针等。

限于篇幅，这里不一一逐类列举句群外部接应的情况，仅以几个段落为例，说明一下句群和句群（或句群和句子）是如何组合为段落，段落和段落又是如何组合为部分（“片断”或“次篇章”）的。

用例五十：仇春霖《万紫千红的花》第一至第三自然段

（一）**1**(1)花怎么会有各种美丽鲜艳的色彩呢？(2)这是由于花瓣的细胞液中存在着色素的缘故。**2**(3)有一些花的颜色是红的、蓝的或紫的。(4)这些花里含的色素叫“花青素”。(5)花青素遇到酸就变红，遇到碱就变蓝。(6)你可以拿一朵喇叭花来作试验，把红色的喇叭花泡在肥皂水里，它很快就变成蓝色，因为肥皂是碱性的。(7)再把这朵蓝色的花泡到醋里，它又重新变成红色，因为醋是酸性的。

这是文章的第一自然段，由**1**、**2**两个句群组合而成。**1**包括(1)、(2)两个句子，是个解证句群，通过问答手段和指代词语“这”来衔接。**1**、**2**两个句群之间也是解证关系，**1**提出“色素不同，颜色就不同”的论断，**2**围绕**1**的论断，介绍由“花青素”产生的颜色；**1**、**2**两个句群运用具有上下位关系的类义词“色素→花青素”接应。**2**是一个连贯关系的三重句群，由五个句子组成。(3)、(4)和(5)至(7)是第一重，借助重复相同的话题“花青素”衔接；先说“花青素”产生红、蓝或紫的颜色，再说为什么会这样。(3)、(4)之间是第二重，为解证关系，先说现象，再揭示原因。(5)和(6)、(7)之间也是第二重，也为解证关系，先说“花青素”遇酸变红、遇碱变蓝的结论，再说可以用喇叭花作试验来证明。(6)、(7)之间是第三重,为并列关系,介绍了用喇叭花做的两个试验。(6)、(7)两个句子都是因果复句,由于句型相同,加以(6)的第一个分句实际上是这个分句群的中心:拿一朵喇叭花来作试验,因此,组合在一起显得十分协调。

(二)(1)还有一些花的颜色是黄的、橙黄的、橙红的。(2)它们的花瓣含的色素叫"胡萝卜素"。(3)胡萝卜素最初是在胡萝卜里发现的,有六十多种。(4)含有胡萝卜素的花也是五颜六色的。

这是文章的第二自然段,由一个包括有三个句子的二重句群和一个插入句组成,介绍包含有胡萝卜素的花的颜色。在这个段落中,(3)是个插入句,补充说明胡萝卜素的发现情况和品种数量。(3)的出现使这个段落中的(1)、(2)和(4)成为一个断续句群。(1)、(2)和(4)之间是第一重,为并列关系,运用重复相同的词语组合;(1)、(2)之间是第二重,为解证关系,运用指代词语组合。

(三)**1**(1)那么,白色的花含有什么色素呢?(2)白色的花什么色素也没有。**2**(3)人们所以看来是白色的,那是因为花瓣里充满了小气泡的缘故。(4)你拿一朵白花来,用手捏一捏花瓣,把里面的小气泡挤掉,它就成为无色透明的了。

这是文章的第三自然段,由 **1**、**2** 两个句群借助重复相同的词语"白色"组合而成,说明白色的花花瓣里只有气泡。这个段落的 **1** 说白色的花花瓣里不含任何色素,由(1)、(2)组成,是个解证句群,通过问答手段组合,同时也重复相同的主题"白色的花"。**2** 紧接着说,为什么这些花看起来会是白色的,由(3)、

(4)组成，也是解证关系；(3)提出结论，(4)以一个小试验来证明。这个段落的**1**、**2**两个句群之间有递进关系，都围绕白色作文章，但后一个句群深入一步，解释产生白色的具体原因。

从用例五十的分析中可以看出，第一自然段的**1**提出的论断“因为花瓣细胞液中存在着各种色素，色素不同，花儿的颜色就不同”，既是第一自然段的中心思想，也是后面第二、第三两个自然段的中心思想。因此，第一自然段的**1**是一个中心句群，**2**和后面第二、第三两个自然段都是它的支撑句群(或段落)，它们共同组成文章的第一部分，说明花儿会有各种各样颜色的原因。作为文章的第一部分，三个自然段的内部接应是很紧密的。从语义连贯看，所有的句子、句群或段落都是围绕中心句群提出的“色素”与“颜色”的关系展开论述的；从形式的连贯看，也运用了词语组合的手段，如第一自然段**2**的开头有“有一些花”，第二自然段开头有“还有一些花”，第三自然段开头有“那么，白色的花……呢?”等。这个部分在中心句群和支撑句群(或段落)之间是解证关系，中心句群提出论断，支撑句群分别从“花青素”、“胡萝卜素”、“无色素”几方面举例说明；在支撑句群之间则是并列关系，运用类义词接应。

第二节　句群的切分

前一节谈句群的组合，讨论的是句群或段落是怎样组成的。这一节反过来谈句群的切分，涉及的是多重句群的层次分析和段落的内部结构分析。

一　句群的内部切分

句群的内部切分主要指多重句群的组合层次划分和内部结构关系分析。鉴于汉语句法结构的简明性和一致性，也为了减轻学习负担和考虑知识的系统性，在处理句群的内部切分时，我们类比多重复句切分的方法，用划线法来表示一个多重句群的内部层次和结构关系。下面是实例分析：

用例五十一：(1)模糊数学在精确的经典数学与充满了模糊性的现实世界之间架起了一座桥梁。|(2)可以预料，模糊数学必将成为电子计算机、机器人的人工智能方向的有力工具。||(3)目前，模糊数学在理论上正在不断完善，而它的应用已十分广泛。|||(4)尤其在信息处理、系统工程、自动控制、图像识别、综合评判、聚类分析、自动机理论、生物系统等方面，已引起了科技界和有关部门的普遍重视。(孙章《模糊数学》)

这是一个三重的解证句群，介绍模糊数学的应用情况。这个句群中的(1)和(2)至(4)之间是第一重，通过重复相同的词语“模糊数学”接应；前面的(1)说模糊数学沟通了经典数学的精确和现实世界的模糊，因而有很大的应用价值，后面的分句群具体介绍应用的情况和前景。(2)和(3)、(4)之间是第二重，是并列分句群关系，运用时间词语“将”、“目前”接应；前面的(2)预测未来的应用，后面的最小分句群具体介绍目前的应用。(3)和(4)之间是第三重，为选择关系，运用表示特选的词语“尤其”接应；(3)谈目前应用已十分广泛，(4)特地指出目前应用中突出的几个方面。上述分析可以图解如下：

(1)|(2)||(3)|||(4)

解证 并列 选择

在第二章第三节多重句群的类型举例中，我们介绍过四重句群、五重句群和六重句群，并且作了内部组合的分析；可以说组合的逆转也就是切分，这里就不再举例分析了。要说明的是，句群的内部切分，其主要依据是组合手段，因此，熟悉各种组合手段，善于利用各种组合手段，是准确进行句群内部切分的前提。

二 句群的外部切分

句群的外部切分主要指把一个段落切分为若干个句群（有的可能是句子）。句群的外部切分是一个有待深入研究的课题。这是因为，作为一个语言表达单位，句群是一个形式和意义的统一体，进入运用时，这个统一体可大可小，常因人而异。喜欢复杂谨严一点的，可能用一个多重句群，甚至可能与段落重合；喜欢简单明快一些的，则可能用一个简单（一重）句群，甚至可能是只有两个句子的最小句群。在进行分析的时候也同样，同一段落，切分得大一点，可能看作一个包含有分句群的多重句群；切分得小一点，也可能看作若干个各自独立的简单句群。这里，只要都把握住形式和意义的统一，即都体现了"超句统一体"和"逻辑统一体"的紧密结合，应该说是没有是非对错可分的；不过，只要可能，我们还是主张尽可能切分得小一点。此外，由于使用者的语言组织能力不一，未必都合乎条理；由于日常口语运用是边想边说的，往往形同"流水"、蝉联不断，很难划分出明确的界限，这也都给句群的外部切分带来困难。不过，就我们已经做的工作和目前句群研究的成果看，应当说，还是有一些切分依据可以参考。利用这些依据，大多数段落，特别是书面语的段落都可以得到有效的切分。

可以作为切分段落依据的，首先是绝大多数用于组合或切分句群的手段也都适用于段落，因此，我们可以利用组合和切分句群的知识来分析段落。其次，在进行句群的外部切分时，除了考虑组合方式，比如，依据特定词语来切分、依据特殊句式来切分、依据选用辞格来切分、依据音气手段来切分等等之外，还可以参考一些别的因素：比如，有无中心句、终止句，能否变换为复句以及文体或语体的制约情况等。这里限于篇幅，不能一一举例。下面切分两个有特点的段落：

用例五十二：**1**(1)出玄武门，走了一段堤岸，在岸左边上小划子。(2)那是上午九点光景，一带城墙受着晴光，在湖面和蓝天之间划一道界限。(3)我忽然想起四十多年前头一次游西湖，那时杭州靠西湖的城墙还没拆，在西湖里朝东看，正像在玄武湖里朝西看一样，一带城墙分开湖与天。**2**(4)当初筑城墙当然为的防御，可是就靠墙的湖来说，城墙好比园林的回廊，起掩蔽的作用。(5)回廊那一边的种种好景致，亭台楼馆，花坞假山，游人全看过了，从回廊的月洞门走出来，瞧见前面别有一番境界，禁不住喊一声“妙”，游兴越发旺盛起来。(6)再就回廊这一边说，把这一边、那一边的景致全合在一块儿看也许太繁复了，有了一道回廊隔着，让一部分景致留在想像之中，才见得繁简适当，可以从容应接。(7)这是园林里修回廊的妙用。**3**(8)湖边的城墙几乎跟回廊完全相仿。

(9)所以西湖边的城墙要是不拆，游人无论从湖上看东岸或是从城里出来看湖上，就会感觉另外一种味道，跟现在感觉的大不相同。**4**(10)我也不是说西湖边的城墙拆坏了。(11)湖滨一并排是第一公园至第六公园，公园东面隔着马路，一带整齐的市房，这看起来虽然繁复些儿，可是照构图的道理说，还成个整体，不至流于琐碎，因而并不伤美。(12)再说，成个整体也就起回廊的作用。(13)然而玄武湖边的城墙，要是有人主张把它拆了，我就不赞成。(14)不知为什么，我总觉得那城墙的线条，那城墙的色泽，跟玄武湖的湖光，紫金山复舟山的山色配合在一起，非常调和，看来挺舒服，换个样子就不够味了。

(叶圣陶《游了三个湖》)

这个自然段包括十四个句子，写游览玄武湖的印象，重点叙述湖边城墙和湖光山色配合的景致给予游人的愉悦；可以切分为四：**1**、**2**、**3**、**4**。**1** 包括(1)至(3)三个句子，是一个"主体·记叙"句群，叙述在玄武湖划船时看到城墙的印象和由它引起的一段回忆。三个句子之间是连贯关系，借助承省手段组合，同时也运用了重复关键性词语"一带城墙"的手段。**2** 包括(4)至(7)四个句子，这是一个插入的"主体·说明"句群，它承上面谈到四十多年前杭州西湖还有城墙这一情况，谈了城墙对于靠城的湖犹如公园里的回廊，有许多妙用。既然提及回廊的妙用，为了让读者明了，也就有必要对回廊作一番说明了。**2** 正是这样拦腰插入、中断当前记叙的一段说明文字。从结构关系看，**2** 是一个三重的解证句群，第一重在(4)和(5)至(7)之间，具体说明回廊的妙用，借助重复关键词语"回廊"连接。

第二重在(5)、(6)和(7)之间，是“分一总”式总分分句群，除了重复关键词语“回廊”之外，还借助指量词语“这一边、那一边”和指代词语“这”组合。第三重在(5)、(6)之间，是并列关系的最小分句群。**3** 包括(8)、(9)两个句子，通过关联词语“所以”接应。这个句群的(8)在内容上与 2 中的(4)紧密照应，从而把话题从说明“回廊”的妙用的插叙拉回到游湖的现实中来，使被中断的记叙得到衔接；这里，由插叙到顺叙的转换过渡十分自然。**4** 包括(10)至(14)五个句子，是一个“主体·议论”句群，是在 **3** 的基础上申明：西湖的城墙拆了固然不伤美，但是，要是也把玄武湖的城墙拆了，那可不赞成；因为，玄武湖的湖光山色是只有在城墙的配合下才调和、舒服和“够味儿”的。因此，就作者强调的意思看，这个句群的几个句子之间有让步关系，是一个三重的让步句群。第一重在(10)至(12)和(13)、(14)之间。两个第二重，其一在(10)和(11)、(12)之间，是解证关系分句群；其二在(13)、(14)之间，是因果关系的最小分句群。这个句群的第三重在(11)、(12)之间，是递进关系的最小分句群。

作为一个自然段，四个句群又是怎样接应的呢？**1**、**3**、**4** 是顺叙，他们之间是连贯关系，在内容上的连接是“玄武湖—西湖—玄武湖”，在形式上的连接是运用重复关键词语“城墙”、“回廊”和同义句“城墙好比园林的回廊”、“湖边的城墙几乎跟回廊完全相仿”衔接；前后照应是很周密的。**2** 作为插叙，从进入到退出，也都处理得十分自然，插顺的衔接可以说是天衣无缝。真正是大家手笔！

用例五十三：**1**(1)模糊数学以客观的模糊性为研究

对象，它的基础是模糊集合论。**2**(2)集合原是德国数学家康托尔在19世纪末提出的概念。(3)例如，太阳系是所有行星的集合，车厢里是所有乘客的集合，一张报纸是全部字组成的集合等等。**3**(4)经典集合论对事物只作明确的划分。(5)然而事实上，一个事物是否属于某个集合，并非只有"是"或"非"两种答案，常有模棱两可的情况。(6)例如，对"老年人"和"高个子"这类集合的界限就很难作明确的划分。(7)五十岁的人，可以算老年，也可不算老年。(8)这就是说，在现实世界中，集合的边缘往往是模糊的。**4**(9)在人们的思维或语言中，这样的模糊概念比比皆是。(10)如胖、高、重、浓、响、明亮、暖和、粉红、漂亮等，都没有绝对的标准。**5**(11)经典数学就无法进行描述，而模糊数学却能对这些模糊集合，进行定量的分析。(12)因此，模糊集合要比经典集合更加符合现实世界的实际情况，更带有普遍性。**6**(13)可以这样说，数学从模糊到精确，又发展到模糊，是螺旋式的上升，标志着我们认识世界的能力提高到了一个新的高度。(孙章《模糊数学》)

这个自然段包括十三个句子，介绍模糊数学的研究对象和它的基础理论，提出数学从模糊到精确，又发展到模糊，是人类认识世界的能力提高到一个新的高度的标志。这个段落可以切分为六：**1**、**2**、**3**、**4**、**5**、**6**。**1**(1)是段落的中心句，提出段落的中心话题，**2**、**3**、**4**、**5** 是围绕 **1** 开展论述的支撑句群，**6**(13)是段落的终止句，是对 **1**、**2**、**3**、**4**、**5** 所论述的内容的归纳和升华，揭示了模糊数学、模糊集合论诞生的深远意义。在这个段落中,**2** 是个插入句群,解释一个重要的相关概念——集合。**2** 由(2)、(3)两个句子借助"例如"组合而成,是一个说明性的解证句群。**3** 由(4)至(8)五个句子组成,是一个四重的解证句群,提出现实世界中,集合的边缘往往是模糊的,并举实例作了论证。在 **3** 中,(4)至(7)和(8)之间是第一重,运用"这就是说"接应;(4)和(5)至(7)之间是第二重,为转折关系,前面说经典集合论对事物只作明确的划分,后面反转过来说集合的边缘往往是模糊的,前后运用关系词语"然而"接应;(5)和(6)、(7)之间是第三重,为解证句群,前面说常有模棱两可的情况,后面举实例说明,前后运用"例如"接应;(6)、(7)之间是第四重,为连贯关系,后一个句子紧接着前一个句子提到的"老年"作具体说明。**4** 是由(9)、(10)借助"如"接应而成的解证句群,提出在人们的思维或语言中都有大量模糊概念或词语。**5** 是由(11)、(12)借助关联词语"因此"接应而成的因果句群,指出"模糊集合更符合客观实际、更带普遍性"这一结论的依据。通过上述分析,可以看到,把这个自然段切分为六的依据,除了考虑中心句、终止句之外,还参考了词语接应手段;此外,也考虑到这个自然段属于科技语体,因而,在切分时,尽可能按论点、论据的界限来划分句群。

第四章　句群和教学

作为语法的最大单位、段落的组成材料、修辞的起码语境、话语的重要单位，句群跨着语法、修辞、逻辑、文章、话语等几个学科的边缘，关系着人们说听读写能力培养的问题，是最能体现理论转化为应用的一个方面。这一章只就句群与教学，谈谈句群理论研究在提高学生中文水平方面的实用价值。

第一节　句群和语言教学

本节着重讨论句群教学在语法修辞教学、对外汉语教学中的地位和作用。

一　句群与语法修辞教学

就理论研究成果看，从语法角度研究句群的远比从修辞角度的多，这是因为句群这个概念的引进是始于语法学的。但是，从应用实践看，在运用句群理论来解释修辞现象或修辞效果方面，人们似乎更擅长、也更自觉一些；这也许是因为句群不仅是一个语法单位，更是一个表达单位吧。

(一)句群与语法教学

60 年代出版的一些语法教材，比如，黎锦熙和刘世儒的《汉语语法教材》[1]、刘世儒的《现代汉语语法讲义》[2]等，句群教学已经得到重视。80年代初，出现了“句群热”，吸引了一批学者，发表了大量论著。这一现象的出现，是由制定新的教学语法体系引起的。1981年7月在哈尔滨召开了“全国语法和语法教学讨论会”，云集了全国语法学各大家，王力、吕叔湘等先生亲临指导，50年代主持制定“暂拟汉语语法教学系统”的张志公先生仍然学术担纲。这个会议确定的《“暂拟汉语教学语法系统”修订说明和修订要点》，把句群列为增补的内容。到了1984年，人民教育出版社根据哈尔滨会议精神，制定并公布了《中学教学语法系统提要(试用)》，正式把句群列为汉语的五级单位中最大的一级。句群在语法教学中的地位得以确立。这以后出版的语法教材，多数都有讨论句群的章节。

其后，所有关心语法教学的学者、教师，对句群的方方面面展开了深入的探讨，使句群研究推进了一大步，有了较为系统的学术成果。而这些成果进入课堂，又使语法教学的实用性得到加强；学生通过对句群中句子之间组合关系的了解，一方面加深了对汉语语法特点、汉语某一具体语言单位的意义和用法的认识，另一方面也增强了遣词造句、缀句为群、组群成章的能力。后一方面的实例很多，我们这里仅举两例作简扼的说明。

用例一：**1**(1)首先要说清楚，什么是桥？**2**(2)如果

① 黎锦熙、刘共儒《汉语语法教材》第三编，商务印书馆，1962年。
② 刘世儒《现代汉语语法讲义》，商务印书馆，1963年。

说，能使人过河，从此岸到彼岸的东西就是桥，那么，船也是桥了；能使人越岭，从这山到那山的东西就是桥，那么直升飞机也是桥了。(3)船和飞机当然都不是桥，因为桥是固定的，人在桥上是要走动的。**3**(4)可是，拦河坝，坝是固定的，而人又能在坝上走，从此岸走到彼岸，难道坝也是桥吗？(5)不是的，因为桥下面还要能过水，要有桥孔。**4**(6)那么，在浅水河里，每隔一步，放下一堆大石块，排成一线，直达对岸，上面走人，下面过水，而石块位置又是固定的，这该是一座桥了(这在古时叫做“鼋鼍以为桥梁”，见《拾遗记》，近代叫“汀步桥”)。(7)然而严格说来，这不是桥，因为桥面是要连续的，不连续，不成路。**5**(8)但是，过河越谷的水管渠道，虽然具备了上述桥的条件，而仍然不是桥，这又是何故呢？(9)因为它上面不能行车。**6**(10)这样说来，矿山里运煤的架空栈道，从山顶到平地，上面行车，岂非也是桥吗？(11)然而又不是，因为这种栈道太陡，上面不能走人。**7**(12)说来说去，桥总是条路，它才能行车走人，不过它不是造在地上而是架在空中的，因而下面就能过水行船。(茅以升《桥话》)

用例一是包括有十二个句子的段落，切分得细一些，可分为七：**1**、**2**、**3**、**4**、**5**、**6**、**7**。**1** 是一个过渡句，通过设问，开启下文。**2** 至 **6** 都是句群，运用连续假设比较的方法，求同辨异，逐渐增加“桥”的概念内涵，一一排除似“桥”而非“桥”的船和飞机、拦河坝、“汀步桥”、跨越山谷的水管渠道以及栈道，最后由 **7** 这个终止句归结出“桥”的定义来，从而细致具体、形象生动地回答了 **1** 提出的问题：什么是桥？

语法教学要增强实用性，就必须重视语言单位在具体使用环境中的变化，必须善于在讲解中激活库存知识、调动心理联想，以达到举一反三的效果。这往往不是单靠孤立的词、短语、句子的讲授所能奏效的，而句群教学却有提供这种理想效果的可能。比如，在语法教学中，说到关联词语的运用，都会谈到它不仅可以出现在句子内部，起连接词与词、短语与短语或分句与分句的作用；而且可以出现在句子外部，起连接句子与句子、句子与句群、句群与句群或段落与段落的作用。这些知识的分别讲解当然必要，但是，如果能进一步作综合分析比较，效果一定会更好；上述用例一就是一个范例。

比如，仅对用例一中出现的所有关联词语进行分析，就可以对作为功能词类之一的汉语关联词语的意义与用法作综合的比较，使知识系统化。具体说明如下：

首先，用例一凡字下加“•”的都是句中关联词语，用以表示词语之间或分句之间的结构关系。比如(3)的“和”是连接词与词的，(12)的“不是……而是”是连接短语与短语的，都表示并列关系；其余的都是连接分句与分句的：(2)的“如果……那么”、“那么”表示假设关系，(4)的“而”、(6)的“而”都表示连贯(承接)关系，(3)、(5)、(7)的“因为”和(12)的“因而”都表示因果关系，(12)的“才”表示条件关系，(8)的“虽然……而”和(12)的“不过”表示转折关系。凡字下加“。”的都是句外关联词语，用以表示句子与句子、句子与句群或句群与句群之间的结构关系。比如(4)句首的“可是”连接**2**、**3**两个句群，表示转折关系；(6)句首的“那么”连接**3**、**4**两个句群，表示承上面的意思“要能过水，要有桥孔”所作的假设关系；(7)句首的“然而”连接句群**4**的两个句子，表示转折关系；(8)句首的“但是”连接**2**、**3**、**4**和**5**四个句群，表示**5**是对前面三个句群所提出的“桥”必须“能走人、能过水和要连续”的反问，是转折关系；(9)句首的“因为”连接句群**5**的两个句子，表示因果关系，(9)是对(8)的回答；(10)句首的“这样说来”连接**5**、**6**两个句群，表示承上面的意思“不能行车”所作的反问假设关系；(11)句首的“然而”连接句群**6**的两个句子，表示转折关系；(12)句首的“说来说去”连接**2**、**3**、**4**、**5**、**6**五个句群和段落终止句**7**(12)，表示在互相连续的五个假设例证的基础上作出的下定义式的解证关系。

其次，在上述分析之后，我们可以说：A.有些关联词语只能连接词语，如“和”；有些关联词语是组合大于句子的语言单位时临时借用的其他词语，如“这样说来、说来说去”；多数关联词语既可以出现在句中，也可以出现在句外。B.连接句子、句群，或连接句子与句群的关联词语通常出现在后一个句群或句子里。C.起句外关联作用的词语，其出现位置通常在句首。D.从关联词语的意义与用法分析中可以看到，汉语大小不同的语言单位之间，在内部结构关系和外部组合方式上的确存在着较大的一致性。E.用例一由于恰当地选用了关联词语，因此句法结构严密，逻辑语义清晰；围绕话题的几个句群层层推理、环环相扣，句群内部的两个句子，因果转折、了了分明。这一切充分显示了语法组合手段的重要作用。

用例一讲的是一类词的句法功能的综合分析，对于某个具体词语在不同使用环境中的句法功能或实在意义，也同样可以通过句群教学进行综合的分析比较，以体会词语在实际运用中的变化，获得准确的表达和理解。

用例二：(1)一位西方的学者雅贝斯曾断言，在公元前一千年左右，人类出现了一个文化轴心时代。(2)在这时代，人类的四个文明古国(以色列、埃及、印度、中国)各自按照自己对世界的看法，提出了超越性问题和解决问题的方法，确定了各自的思维方式。(3)奇怪的是这并没有联系的四种文明提出的办法几乎是相同的，而回答却各有特色。(4)人类至今的文化正是这四种文明的延续、发展、变化。(5)这位学者所说的时代，正好是中国的春秋、战国时代。(6)这时期中国的文化真是空前繁荣。(7)其中，孔子及其门徒以及老子给中国的文化、历史，影响最为深刻。(苏叔阳《我们的祖国叫中国》)

用例二是一个由七个句子组成的二重连贯句群，借助指示代词“这”层层承前指代衔接，使得整个句群文字简洁、语意贯通。句群中的五个“这”字，从语法分析角度说，它们都发挥了关联替代作用，句法功能是相同的。但是，从语义理解的角度说，它们所指称的对象不同，因而所表达的具体意义是各不相同的：(2)的“这”和(6)的“这”指代“公元前一千年左右”，(3)的“这”和(4)的“这”指代以色列、埃及、印度、中国“四个文明古国”，(5)的“这”指代“西方的学者雅贝斯”。从用例二“这”的名法语义分析中，可以看出，“这”和由它组成的“这时代、这四种文明、这位学者、这时期”等词语(语用学中称为“指示词语”)，它们的出现要有一定的前提，这就是在上下文中必须有与之相关的、能构成指代式照应关系的词语，而它们具体的替代对象和指称内容就决定于它们所指代的词语。因此，只有在复句以上的语言单位中，最理想的是句群，才能准确理解它们的意义。用例二由于完全符合指示词语出现的条件，因而收到了理想的表达效果。

近十年来，由于引进语用因素，不少学者提倡在更大的语言上下文中判别语法的正误。如上所述，句群教学可以使知识学习深化、活化，可以帮助解释语言表达效果、理解语义内容；当然也可以用来判别语言表达的正确与否。关于这方面，我们在句群与消极修辞的关系中还会讨论到。

（二）句群与修辞教学

“句群是修辞的起码语境”，是指修辞活动，“得体”与否，至少应在大于句子的上下文中检验。因为，常有这样的情况发生：孤立看一个句子，感觉不到它的艺术韵味，几个相关的句子结合在一起，就显出功力来了；反之，孤立看一个句子，没有什么毛病，几个相关的句子结合在一起，倒觉得有问题了。所以，谈到提高修辞教学的功效，首先就要考虑句群这一单位的运用。这包含两方面的含义：一是，许多修辞方式可以用句群来表现，这是说，许多修辞方式既然可以用作组合句群的手段，也就可以用来给句群分类，分别叫做“某某（辞格）式句群”；二是，修辞活动实际上是一个语言表达形式的选择过程，选择什么形式和选择得当与否，常会受到句群的制约。以下分别说明。

1.“辞格”式句群例析

我们在第三章第一节讨论句群的组合时说过，修辞学中无论从语言表达形式角度还是从表达内容角度划分出来的修辞方式，不少可以用来组合句群。与此相应，可以按所运用的修辞形式来命名句群，比如，排比式句群、对偶式句群、反复式句群、设问式句群、比喻式句群、拟人式句群，等等。张寿康先生在《篇章修辞方式刍议》[①]一文中说："篇章修辞方式指体现在全篇或体现在章（结构段或段落）、语段（即句群——引者注）间或语段中的修辞方式。"其中，语段中的修辞方式，就是我们这里所说的"辞格"式句群；张寿康先生在论文中提到的有十一种：排用（包括排比、反复、对偶）、比喻、象征、假言、同音、对比、设问、呼告、顶真、回文和仿拟。我们还看到，语言运用中，像排比式句群、反复式句群、设问式句群等，议论文中很常见；对偶式句群、比喻式句群、拟人式句群等，记叙文中很常见。这又说明，句群组合手段的选用在一定程度上受文体的制约。

应当说，修辞方式采用多大的语言单位作为它的表现形式是由表达内容决定的，单句、复句、句群、段落甚至于全篇都可以。不过，从形式与内容紧密配合、相得益彰来看，许多修辞方式往往要在句群中才得以酣畅淋漓地发挥。下面分析几个实例：

> 用例三：(1)三毛岂仅是一个奇女子？(2)三毛是山，其倔强坚硬，令人肃然起敬。(3)三毛是水，漂流过大江南北，许多国家。(4)三毛是一幅山水画，闲云野鹤，优哉游哉。(5)三毛当然更是一本书，只要你展读，就能浑然忘我，忧愁烦恼一扫而空，仿佛自己也已告别"俗世"，走

---

① 张寿康《篇章修辞方式刍议》，收入中国修辞学会编《修辞学论文集》（第二集），福建人民出版社，1984年。

进了一个趣味盎然的“卡通世界”和“漫画王国”。(6)所以三毛自然也是一出戏,人生中一出难得看到的好戏。(隐地《难得看到的好戏》)

用例三是由六个句子组成的二重解证句群。(1)是中心句,运用反问句式强调提出三毛“不仅仅是一个奇女子”的评价,(2)至(6)是支撑句,围绕中心从五个方面揭示三毛美好、难得的内心世界。(2)至(6)是并列的第二重,五个复句的第一个分句都是以判断句为表达形式的隐喻“A 是 B”,借助句式和辞格相同排比在一起,充分发挥了“壮文势”的效果,使作者对三毛的深切怀念和高度赞扬之情得到了最充分的表现。

用例四:(1)写人物的文字,一般说起来,写得那人的形貌逼真,神态宛然,算是好文字。(2)写得那人的一言一行都是以传出他的心思情性,算得好文字。(3)写得那人处在某一些环境之中,内心与环境相结合,相激荡,演成一段生活,一番功业,算是好文字。(叶圣陶《熟悉的人》)

用例四是由三个句子组成的并列句群,三个复句的最后一个分句都重复“算是好文字”,这是借助反复修辞方式组合的句群;通过反复关键词语,作者的观点得到强调,整个句群也显得结构十分严谨。

用例五:(1)洱海,这面光洁的梳妆镜,南北长百里,东西宽十余里,就放在它前面。(2)苍山,这扇彩色锦屏,高达八里,宽百余里,就竖在它背后。(曹靖华《洱海一枝春》)

用例五是一个并列句群,如果从句式来说,两个句子是运用宽式的对偶方式组合,可以叫做对偶式句群。如果从词语的选用看,两个句子之间却有相当工整的对仗:洱海对苍山,面对扇,梳妆台对锦屏,放对竖,前面对后面;真的是名词对名词、量词对量词、动词对动词、方位词对方位词,一点都不含糊。

2.句群与修辞活动

人们常说修辞是艺术地运用语言。这“艺术”二字的具体体现是以善于选择最合适的语言形式来准确、妥贴地表达思想感情为前提的。吕叔湘就曾说:“修辞学,照我的看法,应该是‘在各种可供选择的语言手段之间——各个(多少是同义的)词语之间,各种句式之间,各种篇章结构之间,各种风格(或叫做‘文体’、‘语体’)之间——进行选择,选择那最适合需要的,以达到当前的特定目的’。”①由此可以说,修辞活动就是对所使用的语言形式进行选择的过程。上面介绍的“辞格”式句群,涉及用多大的语言单位——单句?复句?句群?段落?还是篇章?——来表现某一修辞方式的问题,是不同大小的语言单位的选择。修辞中的选择,还有更为普遍和重要的,这就是同义手段的选择,也包括相同语句排列顺序的选择。这种选择的直接效果,不止体现在修辞能力上,也体现在语法、逻辑方面,因此,是修辞教学的重点。

同义手段的单位,可以从词到篇章。比如,相同的主题、题材,可以写成散文,也可以写成诗歌;这可以说是广义的同义手段的选择。不过,多数同义手段,是在词、短语、句子之

---

① 吕叔湘《我对于“修辞”的看法》,《中学语文教学》1984 年第 3 期,收入《语文近著》,上海教育出版社,1987 年。

间。应该承认，词语同义手段的选择，在句子框架之内一般是可以做到的，句群的制约作用或许可以忽略。遇到同义句式选择或完全相同的语句排列顺序的选择时，不考虑句群的制约，是几乎不可能的。

用例六：(1)向导蔡光烈在雪坡上，一脚一脚地把冰雪踢开。(2)一条不到一尺宽的路，总算被他踢出来了。(电视纪录片《长白四季·冬吟》解说词，中央电视台)

这个连贯句群的两个句子借助重复动词“踢”衔接。从句式选用上看，(1)用主动态的“把”字句，着眼于表现施事对受事的处置，突出蔡向导为了给摄影小分队开路，硬是用脚把冰雪一点一点踢开。结果怎样呢？(2)选用被动态的“被”字句，让听众最关心的信息焦点“一条不到一尺宽的路”——“踢”的结果——充当主语，及时回答了听众的问题，满足了听众的心理需求。(2)的同义句式有主动态的“他总算踢出一条不到一尺宽的路来了/他总算把一条不到一尺宽的路踢出来了”；可是，作者没有选择它们，因为，如果选择主动态，尽管两个句子在语态上、陈述对象上、句式上都得到一致，但是，把听众急于想知道的结果放在最后，不仅语义衔接不紧，而且听起来反而显得不解渴和缺乏新鲜感了。可见，句群不是组成它的几个句子的简单相加，而是几个句子的有机组合，因此，一个句子一旦进入它所在的句群，就在形式和意义上都会受到不同程度的制约，因此，选择什么样的句式，不能不考虑整个句群的情况。

用例七：

甲 **1**(1)他性格孤僻，不爱接近群众。(2)生活也比较散漫。(3)但是,他在学习上有一股子钻劲,各门功课都学得很扎实。

乙 **2**(1)他在学习上有一股子钻劲,各门功课都学得很扎实。(2)但是,他性格孤僻,不爱接近群众。(3)生活也比较散漫。

(引刘焕辉《语段修辞初探》)

用例七的甲乙都是句群,它们所包含的三个句子完全相同,但是,由于排列顺序不同,各自表达的意思就不一样。甲着重肯定他学习上的优点,乙着重指出他性格、生活上的缺点;褒贬色彩还是有较大的差别的。这又一次证明,句群的意义不是组成它的几个句子的简单相加,因此,几个句子如何排列,是不能不仔细斟酌的。

运用语序变化使相同的几个句子表达出不同的意义内容和感情色彩,这应该说是正常的修辞活动,属于语序选择或调整问题,只要处理得当,不但不妨碍交际的进行,还有可能获得上乘的修辞效果。但是,如果排列不当,则可能出现病句群,造成语无伦次、意不贯串,这更是行文的大忌。陈望道曾特别指出:“通顺是关于语言伦次上的事。语无伦次,固然不成其为语,便有伦次,而不免紊乱、脱节、龃龉,也总不是语言的常态。所以寻常修辞,都不可不依顺序,不可不相衔接,并且不可没有照应。能够依顺序,相衔接,有照应的,就称为通顺。”[1]这里要求的依顺序、相衔接、有照应,显然更多地需要借助于句群(段落、篇章)修辞的教学。

---

① 陈望道《修辞学发凡》,新文艺出版社,1957年,第64页。

二 句群与对外汉语教学

对外汉语教学是一门新兴学科，尽管它的学科地位直到80年代初才正式确立。但是，由于它本身的重要性、迫切性，因而发展极为迅速，已经建立了完整的多形式的教学体系，在课程、教材、教法上都取得了不少成果。对外汉语教学吸收汉语研究成果，将其融入教材、融入听说读写训练，使学生提高学习效率、举一反三；反过来，它也推动了汉语研究的进程。正如吕叔湘所说："教外国学生汉语对我们的启发比教汉族学生汉语更大，更容易推动我们的研究工作。"[①]

80年代句群研究的热浪也席卷了对外汉语教学界。我国对外汉语教学的大本营北京语言文化大学(原北京语言学院)出版的《语言教学与语言研究》杂志陆续登载过许多有关论文，不少学者主张把句群引入教学体系。比如，胡裕树和郑国雄《对外汉语教学中的两个问题——为纪念〈语言教学与研究〉创立10周年而作》[②]一文明确指出："语言教学的根本目的，在于使学习者获得运用这种语言交际能力，也就是要使他能听懂成段的话语，能成段地表达自己的意思。这样，语言教学就不能局限在'用词造句'的传统框架里边，而要扩展到连句成段或成篇的境域。这样，句与句联结或结合而成的句群，以其相对独立的整体性成为一个重要的语言单位，也成了语言教学上一个关键性的环节。""实践证明，'句'和'段'之间，

① 吕叔湘《读书与研究》，《对外汉语教学》1984年第1期。
② 载《语言教学与研究》1989年第2期。

如果不以‘句群’为过渡，往往显得步子太大，对外国学生来说，更是一下子跳不过去。搞不清句群，往往就抓不住段落的中心意思，理解很不完整，还不能算是真正读懂，真正听懂。”

吕必松长期从事对外汉语教学，1990 年，他在总结我国对外汉语教学发展的概况时也指出：语法教学“仅仅靠单句教学是远远不够的，还必须帮助他们掌握句与句之间、段与段之间的联结规律。这就需要开展话语分析研究。”[①]他还谈到这样一种不能令人满意的状况：“由于没有话语分析的基础，对外汉语教学中就只能通过要求学生背诵和复述课文的办法培养学生的成段表达能力。对学生口笔表达中不属于句法方面的大量错误，教师通常只能指出错误本身，而不能作出规律性的说明”[②]。我们认为，要解决这种状况，必须在教学中引进成熟的句群理论，而不能坐等话语分析成果萌生。实际上，许多富有经验的对外汉语教师，他们就是这样做的，他们在创立对外汉语语法教学体系时，就十分重视句群理论的引进和运用。比如，吕文华《对外汉语教学语法探索》[③]一书，就提出应以语言的五级单位为序安排教学，应重视句群这一级语言单位。她强调指出：“以培养运用汉语进行交际的能力为目的的对外汉语教学要求外国留学生能正确、连贯地表达自己的思想，顺利地阅读和理解，语言运用问题就必然超出句子的范围，进而要求解决句子与句子之间，段落和段落之间的联系问题。句群联系着句法和章法，句群的教学不仅应该进入以汉

---

①② 吕必松《对外汉语教学发展概要》，北京语言学院出版社 1990 年，第 152 页。

③ 吕文华《对外汉语教学语法探索》，语文出版社，1994 年。

语为母语的中国学生的课堂，更有必要进入外国人学习汉语的教学内容之中。”在她构建的对外汉语语法教学体系中，吕文华把句群教学安排在中高级阶段，重点教学在句群或段落中划出中心句以及掌握句群的功能结构和组合方式。她把句群的功能结构区分为叙述、描写、论证等。叙述性句群的结构形式又细分为：时间顺序式、空间位置式、逻辑联系式；描写性句群的结构形式也细分为：内容顺序式、方位顺序式、观察顺序式；论证性句群的结构形式则细分为：演绎式、归纳式、推导式、比较式。以上两位吕先生的看法说明，在对外汉语教学第一线的学者们，对于句群教学的重要作用是深有体会的。

我们还注意到，1996 年 8 月国家对外汉语教学领导小组办公室编订的《汉语水平等级标准与语法等级大纲》列出的五级汉语语法单位是：语素、词、短语、句子、句群。这表明，句群在对外汉语教学语法体系中已经获得它的法定地位，句群的教学与研究必定会有一个更加灿烂的明天。

第二节　句群和语文教学

语文的能力包括理解（听/读）和表达（说/写）两个方面。语文教学的目的在于提高学生的理解和表达能力，要高效地达到这一目的，从基础教育开始，就必须安排各种方式的训练。其中，句群的切分和组合训练是一种综合的训练，是语文教学中一个十分重要的环节。

一　句群和理解能力训练

人际交流，相互沟通、相互理解最为重要。人们用来相互沟通、相互理解的手段很多，其中，最常用、最有效的，是语言和它的载体文字。就理解，即从听/读者角度而言，要达到真正的理解，就是听懂别人说的话语、读懂别人写的文章。因此，语文教学中的句群训练，主要目的之一，就是提高听/读的能力；实践已证明它是十分有效的。

（一）句群与听话训练

口语交际，参与者在两人或超过两人以上，就可能有说者和听者的区别；这种情况下，每一个参与者都同时轮番扮演说/听两个角色，语言的交流是双向的。在面对面的语言交流中，遇到不理解时，可以通过重复询问、解释说明，或者运用语言之外的其它传递信息的手段来弥补，以达到真正的沟通。口语交际，还有单向传递的形式，比如，听别人演讲、听广播、看电视时听解说、看各类演出时听演员的对白或朗诵、在课堂上听讲解等等，等等。声音是转瞬即逝的，一句话没有听明白，很可能就会影响对后续话语的理解，因此，在单向传递的交流中，听的能力、听的效率就非常重要了。

就我国情况看，对于听话能力训练的重要性，在教方言区的人学习普通话，或在对外汉语教学中，一般说都是比较重视的；但是，在母语教学中，却往往被忽略了，人们常误以为无需专门训练。这似乎也有一定道理，因为，即使在方言区教学普通话，用于训练说话的时间也占大部分，这就证明说比听难。再说，很多方言区，比如香港、台湾、广东、福建，那里的人们对于普通话常常是“识听不识讲”(会听不会讲),这似乎又证明听比说容易。

忽略听话能力训练还有一个较难克服的原因,这就是怎样才叫做听懂了、听明白了?只听懂了字面意思算不算?能听懂非字面意思,即“弦外之音、言外之意”,又以什么为标准?不少学者正在为此大伤脑筋。利用问卷形式,只能测出一部分,尚不能据以判断一个人对一段话的理解深度。总之,“理解”也是个模糊概念。而且,不同的人,对同一段话语的理解一旦超出字面意思,那就可能有很大的不同。看来,要准确评估听话能力,尚有许多工作待做,已有的标准也需进一步完善。可喜的是90年代初颁布的《九年义务教育全日制初级中学语文教学大纲(试用)》已经列出听话训练的要求,并且已有一些学者和教师在从事这方面的研究。

鉴于困难不小,目前更要强调听力训练的必要,更应该运用一切手段去加强它。特别是从双向交谈看,听明白对方的话题、表达重心、询问焦点,是准确应对的基础,不可掉以轻心,特别是在外交场合或重大事件中。所以,要使交流顺利进行,就必须重视听的技巧、听的效率。首先是要专注地听、开动脑筋地听,其次是要善于迅速抓住要点。关于后者,可以通过句群训练来培养。

用例八:(两位在香港教学普通话的教师的一段交流)

甲:**1**(1)王老师,你说说这普通话的轻声、儿化怎么个教法?(2)香港人学起来真困难。**2**(3)有人说轻声、儿化只教有区别意义作用的,那数量就少多了,敢情好。

(4)可行不行啊？

乙：**1**(1)轻声、儿化的确是香港人学习普通话的难点，因为广东话里没有。(2)你说的是，教也难，学也难。**2**(3)可轻声、儿化只教有区别意义作用的，那恐怕不够用。(4)特别是轻声，什么音节说轻声，有些是有规律的。(5)像吃了，吃着，吃过，“了、着、过”这几个助词都是读轻声的。(6)有些却是没有规律的，只能在具体环境中决定。

用例八中，甲的话语有两个意思：**1** 的中心意思是“轻声、儿化是香港人学习普通话的难点”，**2** 的中心意思是“有人主张只教有区别意义作用的，行不行？”。很显然，甲与乙交谈的主要目的是想听听乙对 **2** 这个主张的想法，着重要解决的是怎么教的问题。乙听明白了，就在自己的话里用 **1** 来回应和肯定甲的 **1**，然后着重回答甲的 **2** 提出的问题。而乙说的话语中，**2** 的意思是：光教有区别意义的不够用，因为，以轻声为例，凡有规律性的都有区别意义的作用，并不难掌握；难的是那些没有规律的，所以更应成为教学的重点。如果乙听明白了甲的 **2**，那么，就可以再就甲 **2** 中的(6)提出问题来研讨，交谈也就可以进一步深入下去。

为了培养迅速抓住要点的能力，在教学中可以设计若干学生熟悉的话题，让至少两个学生进行交谈，并录下音来进行分析，看看应对的情况：是否“针锋相对”，是否衔接紧密，是否形成话题链，是否成功地达到交流的目的。同时，也可以检讨一下句群内外部组合连贯的情况，看看运用句群基本知识的熟练程度。

(二)句群与阅读训练

在知识爆炸的当今世界,每人每天要读的书面材料很多。如何提高阅读速度和效率,不仅是学生们的事情,也是所有上班族掌握有关信息、提高工作水平的重要前提。

"知识就是力量",而人的知识有相当部分是来自"多快好省"的阅读。那么,如何做到呢?语文教育家叶圣陶说过一段富于启迪的话语:"看整篇文章,要看明白作者的思路。思想是有一条路的,一句一句,一段一段,都是有路的,这条路,好文章的作者是决不乱走的。看一篇文章,要看它怎样开头的,怎样写下去的,跟着它走,并且要理解它为什么这样走。比如一篇议论文,开头提出问题,然后从几个方面来说,而着重说的是某一个方面,其余几方面只说了一点儿。为什么要这样安排呢?一定有道理。读的时候就得揣摩这个道理。再往细说,第二句话跟头一句是怎么连接的,第三句跟第二句又是怎样过渡的;第二段跟第一段有什么关系,第三段跟第二段又有什么关系,诸如此类,都要搞清楚。这些就叫做基本功。"①这段话语,深入浅出地讲明了训练阅读基本功的方法。其中,包括揣摩句子与句子的连接,以理解句群;句群与句群的连接,以理解段落。下面,就以叶圣陶先生的《以画为喻》作例子,看看如何按照上述方法来阅读。

用例九:叶圣陶《以画为例》全文分析

(一)(1)咱们画图,有时候为的实用。(2)编撰关于动物植物的书籍,要让读者明白动物植物外面的形态跟

① 叶圣陶《认真学习语文》,收入《叶圣陶语文教育论集》,教育科学出版社,1980年。

内部的构造，就得画种种动物植物的图。(3)修建一所房屋或者布置一个花园，要让住在别地的朋友知道房屋花园是怎么个光景，就得画关于这所房屋这个花园的图。(4)这类的图，绘画的动机都在实用。(5)读者看了，明白了，住在别地的朋友看了，知道了，就完成了它的功能。

这是第一自然段，由五个句子组成，是三重解证句群，句群与段落重合。(1)是中心句，(2)、(3)各举一例说明实用类画图；(4)小结(2)、(3)，(5)是对(4)的进一步说明。其内部结构关系可以图示如下：

(1) | (2) |||(3) || (4) ||| (5)

解证　　并列　　解证　　解证

(二)**1**(1)这类图决不能随便乱画。**2**(2)首先须把画的东西看得明白，认得确切。(3)比如画猫罢，它的耳朵怎么样，它的眼睛怎么样，你如果没有看得明白，认得确切，怎能下手？(4)随便画上猪的耳朵，马的眼睛，那是个怪东西，决不是猫；人家看了那怪东西的图，决不能明白猫是怎样的动物。(5)所以，要画猫先得认清猫。**3**(6)其次，还得练成熟习的手腕，心里想画猫，手上就得画成一只猫。(7)像猫这种动物，咱们中间谁还没有认清？(8)可是，咱们不能个个人都画得成猫；画不成的原因，就在乎熟习的手腕没有练成。(9)明知道猫的耳朵是怎样的，眼睛是怎样的，可是手不应心，画出来的跟知道的不相一致，这就成了猪的耳朵，马的眼睛，或者什么也不像了。(10)所以，要画猫又得练成从心所欲的手段。

这是第二自然段，由十个句子组成，可以切分为：**1**、**2**、**3**。**1**(1)

是段落的中心句，提出：实用类的图决不能随便乱画，**2**、**3** 两个句群用来说明；整个段落运用“首先、其次”连接，是一个解证段落。**2** 由(2)至(5)四个句子组成，是三重解证句群，(2)提出必须对所画的东西有真切的认识，(3)至(5)以画猫为例进行说明；**3** 由(6)至(10)五个句子组成，是四重解证句群，(6)提出还要有熟习的手腕，(7)至(10)详细说明。这个段落的内容结构关系可以图示如下：

1(中心句) | **2**(句群) || **3**(句群)

解证　　并列

这个段落中两个句群的内部结构关系可以图示如下：

2：(2) | (3) ||| (4) || (5)

解证　　并列　　因果

3：(6) | (7) ||| (8) |||| (9) || (10)

解证　　转折　　解证　　因果

(三)(1)咱们画图，有时候并不为实用。(2)看见一个乡下老头儿，觉得他的躯干，他的面部的器官，他的蓬松的头发和胡子，线条都非常之美，配合起来是一个美的和谐，咱们要把那美的和谐表现出来，就动手画那个老头儿的像。(3)走到一处地方，看见三棵老柏树，那高高向上的气派，那倔强矫健的姿态，那苍然蔼然的颜色，那仿佛是超然不群的人格的象征，咱们要把这一点感兴表现出来，就动手画那三棵柏树的图。(4)这类的图，绘画的动机不为实用，可以说无所为；但也可以说有所为，为的是表现出咱们所见到的一点东西，从乡下老头儿跟三棵老柏树所见到的一点东西——就是“和谐的美”，“仿佛是超然不群的人格的象征”。

这是第三自然段，由四个句子组成，是三重解证句群，句群与段落重合。(1)为中心句，提出有一类并不为实用而画的图，(2)至(4)举出实例说明中心句，最后指出这类图是为了“表感兴”。其内部结构关系可以图示如下：

(1) | (2) ||| (3) || (4)

解证　并列　解证

(四)**1**(1)这类的图也不能随便乱画。**2**(2)第一，见到须是真切的见到。(3)人家说那个乡下老头儿很美，你自己不加辨认，也就跟着说那个乡下老头儿很美，这就不是真切的见到。(4)人家都画柏树，以为柏树之挺拔值得画，你就跟着画柏树，以为柏树之挺拔值得画，这就不是真切的见到。(5)见到不真切，实际就是无所见，无所见可是也要画，结果只画了个乡下老头儿，画不出那“美的和谐”来；只画了三棵老柏树，画不出那“仿佛是超然不群的人格象征”来。(6)必须要把整个的心跟事物相对，又把整个的心深入事物之中，不仅认识它的表面，并且透过它的精蕴，才能够真切的见到些什么。(7)有了这种真切的见到，咱们的图才有根本，才真个值得动起手来。**3**(8)第二，咱们的图既以咱们所见到的那一点东西为根本，就跟前一类的图有了不同之处：前一类的图只须见什么画什么，画得准确就算尽了能事；这一类的图为要表示咱们所见到的那一点东西，就得以此为中心，对材料加一番选择取舍的工夫。(9)这种功夫如果做得不到家，那么，虽然确有见到，也还画不成一幅好画。(10)那老头儿的一把胡子，工细的画来，不如粗粗的几笔来得好；那三棵老柏树交结着的丫枝，照样的画来，不如删去了来得好；这样的考虑就是所谓选择取舍的工夫。(11)做这种功夫有个标准，就是咱们见到的一点东西，(12)跟这一点东西没有关系的，完全不要；足以表出这一点东西的，不容放弃；有时为了要增加表出的效果，还得以意创造。(13)而这种功夫的到家不到家，关系于所见的真切不真切；所以愈真切，选择取舍愈有把握，有时几乎可以做到无所容心的境界。**4**(14)第三，跟前边说的一样，得练成熟习的手腕。(15)所见在心，表现在手腕，手腕不熟习，根本就画不成画，更不用说好画。(16)这个很明白，无须多说。

这是第四自然段，由十六个句子组成，可以切分为：**1**、**2**、**3**、**4**。**1**(1)是段落中心句，提出这类为"表现美"而画的图也不能乱画；这个句子同时还起了承接上一个段落的作用。这类图为什么也不能乱画？列举三个理由作详细的说明。**2**、**3**、**4** 是围绕中心句 **1**(1)展开论述的支撑句群，三个句群借助数量词语"第一、第二、第三"组合为并列关系，然后与 **1** 组成一个解证关系的段落。这三个句群中，**2** 是由(2)至(7)六个句子组成的四重解证句群，这是第一个理由：必须真切见到才能画；**3** 是由(8)至(13)六个句子组成的四重转折句群，是第二个理由：要对材料进行选择取舍和必要的以意创造；**4** 是由(14)至(16)三个句子组成的二重解证句群，是第三个理由：跟前一类图一样，也必须练成熟习的手腕。这个段落的内部结构关系可以图示如下：

1(中心句) | **2**(句群) || **3**(句群) || **4**(句群)

解证　　　　并列　　　　并列

这个段落的三个句群它们的内部结构关系可以图示如下：

2：(2) | (3) |||| (4) ||| (5) || (6) ||| (7)

解证　并列　　连贯　解证　连贯

3：(8) || (9) |||| (10) ||| (11) |||| (12) | (13)

连贯　　解证　　　连贯　　　连贯　　转折

4：(14) | (15) || (16)

解证　连贯

（五）**1**(1)以上两类图，次序有先后，程度有深浅。(2)如果画一件东西不曾画得像，画得准确，怎么能在一幅画中表现出咱们所见到的一点东西？(3)必须能画前一类图，才可以画后一类图。(4)这就是次序有先后。(5)前一类图只凭外界的事物，认得清楚，手腕又熟，就成。(6)后一类图也凭外界的事物，可是根本却是咱们内心之所见；凭这一点，它才成为艺术。(7)这就是程度有深浅。**2**(8)这两类图咱们都要画，看动机如何而定。(9)咱们要记载物象，就画前一类图；咱们要表出感兴，就画后一类图。

这是第五自然段，由九个句子组成，可以切分为：**1**、**2**。**1**是由(1)至(7)七个句子组成的四重总分句群，承上面说到的两类图——实用性的和表感兴的——进一步申说它们之间的联系：次序有先后，必须先能画前一类，才可以画后一类；程度有深浅，前一类只要画得像，后一类却必须画出内在的美，画得艺术。这个句群的(1)为总说，(2)至(7)分别说明次序先后和程度深浅。(1)同时也运用关联词语“以上”起承接上面四个自然段的全部内容的作用，是一个关联片断(即“部分”)的过渡句；因此，可以据此把第一到第五自然段归纳为文章的第一个片断：“以画为喻”这个比喻的喻体部分，这样就同下一个自然段谈文字写作——比喻的本体部分紧密衔接了。用这样简练的文字来照应过渡，使文章结构严丝合缝的工夫，只有大家手笔才能达到，应当分外留意。**2** 是由(8)、(9)组成的解证句群，说明两类图都要画，画哪一类，依动机而定。这个自然段的 **1**、**2** 两句群，借助指代词语“这两类图”连接为一个连贯段落。**1** 的内部结构关系可以图示如下：

1：(1) | (2) |||| (3) ||| (4) || (5) |||| (6) ||| (7)

总分　条件　解证　并列　并列　解证

(六)**1**(1)我的题目“以画为喻”，就是借图画的情形，来比喻文字。(2)前一类图好比普通文字，后一类图好比文艺。**2**(3)普通文字跟文艺，咱们都要写，看动机如何而定。(4)为应付实际需要，咱们得写普通文字；如果咱们有感兴，有真切的见到，就得写文艺。**3**(5)普通文字跟文艺次序有先后，程度有深浅。(6)写不出普通文字的人决写不成文艺；文艺跟普通文字原来是同类的东西，不过多了一点咱们内心之所见。**4**(7)至于熟习的手腕，两方面同样重要；手腕不熟，普通文字跟文艺都写不好。(8)手腕要怎样才算熟？(9)要让手跟心相应，自由驱遣语言跟文字，想写个什么，笔下就写得出个什么，这才算熟。**5**(10)我的话即此为止。

这是第六，也是最后一个自然段，由十个句子组成，可以切分为：**1**、**2**、**3**、**4**、**5**。**1** 包括(1)、(2)两个句子，是个连贯句群，具体点明如何“以画为喻”：实用性的图好比普通文字，表感兴的图好比文艺。**1**同时起着承上启下、揭示比喻本体的作用；它使这个段落与前面的五个段落组合成为一个完整的比喻。**2**包括(3)、(4)两个句子，也是个连贯句群，说明两种文字都要写，写哪一种，依动机而定；**2**与第五自然段的第二个句群“两类图都要画”相呼应。**3**包括(5)、(6)两个句子，是个因果句群，指出普通文字与文艺之间有次序先后、程度深浅的原因；**3**与第五自然段的第一个句群指出“两类图有次序先后、程度深浅的区别”相呼应。通过**2**、**3**这两个句群的说明，可以体会分别以实用性的图比喻普通文字、以表感兴的图比喻文艺的贴切。**4**包括(7)至(9)三个句子，是个二重并列句群，讲手腕熟习对写两种文字同样重要和怎样才算手腕熟习；与前文谈“画两类图都要有熟习的手腕”相呼应。**5**(10)是全文的结尾，是个终止句。这个段落的内部结构关系可以图示如下：

1(句群) | **2**(句群) || **3**(句群) || **4**(句群) | **5**(终止句)

连贯　　并列　　并列　　文章结尾

由上述的逐段分析，可以看到这篇文章不仅句群组织得十分典范，句子与句子之间、句群与句群之间衔接紧密、语义通畅；而且全文六个自然段之间也运用一定的语言手段来接应，这种组织篇章的功力，只要列出每个段落的始发句就可以看出来：

第一自然段：咱们画图，有时候为的实用。

第二自然段：这类图决不能乱画。

第三自然段：咱们画图，有时候并不为实用。

第四自然段：这类图也不能随便乱画。

第五自然段：以上两类图，次序有先后，程度有深浅。

第六自然段：我的题目“以画为喻”，就是借图画的情形，来比喻文字。

这六个始发句，有的是段落中心句，有的是句群中心句，它们连接起来就是作者完整的思路。而通过它们之间的联系，我们又可以摸到作者表达这条思路时在布局行文上的安排。这就是说，通过这些中心句，可以归并段落、揭示全文的脉络层次：第一、二自然段，借助指代词语“这类图”合为一个意义段（篇章的层次），讲实用性的图；第三、四自然段，也借助指代词语“这类图”合为一个意义段，讲表感兴的图；上述两个意义段又可借助中心句之间的意义承接（第一、二自然段的始发句可以连接为一个复句，第三、四自然段的始发句也可以连接为一个复句，两个复句又可以组成一个宽式对偶）组合成为一个更大的意义段；第五个自然段承上述更大的意义段指出两类图之间的异同，并和它组合在一起成为文章的第一个片断（篇章的最大层次），共同一步步讲解清楚了作者用来作喻体的两类图；第六个自然段则是文章的第二个片断，它承上一个片断，挑明比喻的本体，具体说明如何“以画为喻”，并与上一个片断组合在一起，使全文成为一个比喻式的篇章。

从用例九的分析中，我们既看到了作者独具匠心的思路、文章层次分明的脉络，也真切体会到了句群是从句法过渡到章法的桥梁，句群知识对于阅读、写作的确是十分有用的。

二　句群和表达能力训练

语言表达是包括说话和写作两个方面的，而且口说的时候更多，因为用它来表达最便捷。说的话写下来通常就是文章，所以，说话又是写作的基础，叶圣陶先生就说过“写和说是同一回事”。但是，在一个很长的时期里，特别是科举取士盛行的时代，人们受到“重文轻语”的影响，“文章华国”、“文章千古事”、“文章乃经国之大业、不朽之圣事”，十分崇拜文章圣手。对于说话反倒有种种误区：善于说话的人，有时会被视为“耍贫嘴”、“油嘴滑舌”，而不善说话，倒有许多开脱之辞——“老实人”、“有内秀”；结果是忽视了口语教育、说话训练，把占日常言语活动近 75％的口语交际能力的培养放在了附属的地位。但是，随着社会的发展，人际交往频繁、信息传递加快，口语的运用日益重要。由此，引起了语言运用观念的转变：重文轻语→文语并重；语言表达能力应该包括文才和口才。

语言表达能力是人的综合素质的表现，因此它的培养与训练也是需要多方面配合的，我们这里仅就句群训练对语言表达能力的提高方面谈点看法。

（一）句群与说话训练

首先是听话训练的许多方法也适用于说话训练。目前，许多语言水平测试方案的制订都是把听和说、读和写的训练结合在一起进行的，我们这里分开讨论，听、读侧重谈通过分析语料达到准确理解，说、写侧重谈掌握生成过程达到准确表达，则是从方法介绍的方便上考虑的。

其次，说和听作为对立统一的两面，应该也还有它们各自的一些独特的要求和方法。就说而言，比如，汉语水平测试对于口头回答的要求就明确规定了“回答问题要求观点清楚，能用语音较为纯正的普通话连贯流利地表达思想，内容充实，表述得体”[1]。这里面，语音的专门训练看起来与句群似乎无关，其实不然，近期的韵律研究成果表明：得体的语音基调的选择、一句话和一段话中的语流音变的差异，都与连贯话语单位的大小有关。而就我们的理解，“纯正的普通话”也不能按传统的看法那样，仅指孤立的词、短语、句子的读音准确与否；因为，词、短语、句子，一旦进入连贯话语的领域，也就会有所不同。至于上述要求的其它方面，则都是可以通过加强句群训练达到的。我们已经高兴地看到，不少热心汉语水平测试研究的学者和从事这方面工作的专家，他们在进行考试的题型设计时，已经注意到了句群训练与说话能力的关系，在他们设计的综合表达能力试题中，就有一种题目是专为“考查语段表达中综合运用语言的能力”设计的。这种题型中有：排列句序，每题四个语句，可以有多种排列方式，但是，只有一种是对的，测试的重点在于通过对关联词语和逻辑意义的掌握，考查连句成段的语段（句群）的表达能力；选择填空，题干是留有若干空白的一段话，供选择填空的是一组短语或句子，测试的主要目的不是考查在一句话中，而是考查在一段话中前后照应、恰当使用语言的能力[2]，等等。

第三，人们说话，即兴而言的时候比较多。即使在正式交谈、庄重应对的场合，也常常会遇到事先没有料到而又必须马上说点什么不可的时候。这时，高水平的口语表达能力就非常重要了。前面说过，口语表达能力是包括听和说的，到了听

---

① 《中国汉语水平考试大纲（高等）》，北京语言学院出版社，1995年。

② 刘镰力、未绍周、姜德梧《关于高等汉语水平考试的设计》，《语言文字应用》，1993年第3期。

懂了别人的话之后自己又非说点什么不可的时候，如果要说的是比较简单明晰的意思，三言两语表个态，倒也不难；难的是要说的意思还比较复杂，不是三言两语、随意一说就能说得清楚明白的。这时，平时的语言综合训练就起作用了，这里只说句群。我们知道，每个句群就内部看都有一个中心意思，组成这个句群的句子必须按一定次序围绕这个中心意思来安排，凡有助于说明白这个意思的句子要组织进来、组织恰当，凡与这个意思无关的句子就不要插进来，要舍得割爱。即兴说话时，要说的那点想法，就是句群的中心意思，围绕这个意思选择恰当的句子和语序来说，就有希望“出口成章”。如果要说的那点想法比较复杂，一个句群表达不完，那就分解为若干中心意思，用若干个句群来表达；这时，有关句群内外部结构关系的知识就都能派上用场了。

当然，说话训练要从基础教育做起，而且不仅在语文教学中进行，还有逻辑教学、心理教学以及其它等等。此外，热情参与各种语言交际活动使自己能说善辩、口若悬河，同样的意思花样翻新地说出来使语言表达鲜活、一语惊人，这些能力的获得，则在个人的苦心修炼了。

（二）句群与写作训练

说话是口头表达，写作是书面表达。比起说话来，写作有较充分的时间来考虑如何表达的问题。即使这样，在当今“时间就是效益，时间就是金钱”，竞争极为激烈的社会中，能练就花不多的时间写较好的文章，未尝不是多数人的追求，更不用说，“倚马可待”的才子之令人钦羡了。当然，我们写文章，更多的是为了实用，如上述《以画为喻》中所比喻的，是画实用性的图，让你自己的想法让别人看个清楚明白，达到交流的目的。这样的文章，最基本的要求是文从字顺、有条不紊，在语言表达上达到“依顺序、相衔接、有照应”。这些基本要求通过句群教学一般是能够达到的，这我们在讨论句群和语言教学的关系时已经说过。

这里，我们想着重说的是“句群是文章的雏形”，因而可以通过抓好句群训练，在写好一个句群或段落的基础上扩而大之、层层加码，直到写好一篇文章。这种通过句群或段落训练来进行写作教学的做法，在国外，70 年代就已盛行。比如，1975 年，英国的伦敦朗曼有限公司就出版过《从段落到短文——提高文章写作能力》一书，作者是麦里斯·伊姆霍夫和赫尔曼·霍德逊。在我国，80 年代初句群教学与研究兴起以后，也有人提倡过。比如，张寿康先生就曾指出，在一篇文章中句群是屈指可数的，因此，把句群中句子与句子的关联、文章中句群与句群的关联分析清楚了，一篇文章的思想脉络和行文结构上的前后关联也就和盘托出了；所以“把语段（即句群。引者）的问题研究得透一些，就能把‘文气贯通’这种抽象的说法提高到理性来认识，如果只研究到复句为止，是解决不了文章的‘文气畅达’问题的”①。这里实际上已经谈到了句群训练与文章写作的关系，后来在他主持出版的《中学语文教学》杂志上，也有不少提倡先练习写好一个句群或段落，然后再扩而大之成为一篇文章的论文发表。90 年代以来，话语分

① 张寿康《注意语段的教学与研究》，收入田小琳编《句群和句群教学论文集》，新蕾出版社，1986 年。

析中关于篇章模式研究的成果，在有些学校中，也已经被引进课堂，作为文章分析与写作的理论指导。

对于汉语文章写作来说，把句群看作文章的雏形更有其坚实的理论基础，这就是汉语各级语法单位在内部结构关系和结构方法上存在着较大的一致性。正因为如此，我们就可以模仿一个运用时间词语接应的连贯句群来写一个运用时间词语接应的段落或篇章，也可以模仿一个运用关联词语接应的总分句群来写一个运用关联词语接应的段落或篇章；至于运用同一种修辞方式接应可以组成修辞式句群、段落、片断直至篇章（文章）这种情况也并不少见。所以，在写作教学中，可以充分运用句群的类型、句群的组合与切分知识，选择若干典范的句群或段落作详细分析，让学生观摩、体会其中的奥妙和精髓，然后要求学生模仿这些典范的句群或段落的写作方法去写自己想写的东西（或普通文章或文学作品）。实际上，从理论研究的角度来说，对任何现象的研究都是从具体到抽象，又从抽象到具体的。就句群而论，学者们从语言运用中具体存在的一个个句群里通过分析、比较、归纳，概括出一个个句群的抽象模式（或称之为“型”type），然后再用这些模式来生成或解释语言运用中可能出现的一个个千差万别（主要表现在表达内容上）的具体句群（或称之为“例”token），也就是一个“具体→抽象→具体”或“实践→理论实践”的过程。因此，我们又可以在学生熟习模仿典范的句群或段落进行写作之后，设计若干抽象的句群或段落模式，让学生进行写作练习，并要求在单位上系列化，即不仅写一个句群或段落，还要写成片断直到篇章。比如，通过列举实例，写一个解证句群、段落、片断和篇章；通过空间或数量联系，写一个并列句群、段落、片断和篇章；通过过程记叙，写一个连贯句群、段落、片断和篇章；通过比喻或拟人修辞方式写一个句群、段落、片断和篇章，等等，等等。在设计这类写作训练的模式时，还要考虑不同的句群类型，不同的接应手段（组合方式）与表达内容、文体语体样式等之间的相互关系。

总之，语文教学中句群理论的应用是一个新课题，一个值得研究的课题。

第三节　句群和逻辑教学

前面讨论句群和语文教学，特别是与文章分析和写作的关系时，已经涉及不少逻辑问题，这一节讨论句群和逻辑的关系，主要介绍句群和逻辑的综合教学情况。

从逻辑是思维的规律和形式这一意义上说，思维既然和语言密不可分，逻辑也一样；有力的证明就是作为思维形态的概念、判断、推理，都必须通过语言才得以体现。而且传统逻辑学认为，逻辑与语言有一定的对应关系：概念是同词、短语对应，判断是同句子对应，推理是同复句、句群对应。句群研究深入以后，人们发现，不仅推理、论证通常运用句群，有时还运用大于句群的单位来作为表现形式，就是概念、判断，也经常需要运用句群这一表达形式才能达到准确的诠释。因此，在语文教学、逻辑教学中，如果能把语法、修辞、逻辑融为一体，是可以事半功倍的。

一　句群和概念、判断

这一小节，只想通过列举一些实际用例来说明句群和概念的说明、判断的分类之间的联系，以证明综合教学的必要和可能。

（一）句群与概念

概念是反映事物的特有属性的思维形态，如上所说，它通常以词或短语作为表现形式。但是，要说明一个概念，就必须揭示它的内涵和外延。明确概念的方法最常见的是下定义。在实际用例中，无论是内涵定义还是外延定义，能说得清楚明白、通俗易懂的，其语言形式往往句群居多，比如，本章用例一分析的茅以升《桥话》中的"什么是桥？"就是用一个段落来揭示"桥"的内涵的。这个段落就包括了：一个中心句，提出"桥"这个概念；六个句群，层层推理以揭示"桥"的内涵；一个终止句，给"桥"下了个内涵定义。又比如，在第二章介绍总分句群时，用例十一也是《桥话》中的一个句群，讲"桥"的三种基本类型及其形成过程，是"桥"的外延定义。

在句群的类型中，解证句群最常用于为概念下定义。通常是前一个句子提出某个概念，后续的句子下定义和对定义进行诠释；有时候，为了通俗易懂，用来诠释的句子或分句群还常常采用某种修辞形式。比如：

用例十：(1)什么叫做光年呢？(2)光年是天文学上表示距离的单位，表示光一年间所走的路程的长短。(3)光的速度是每秒钟 30 万公里，一天能走 259 亿 2000 万公里，这长度的 365 倍，就是一光年。（叶至善《织女星和

牵牛星》)

用例十是用来给"光年"这个概念下定义的二重解证句群。(1)提出概念,(2)下定义,(3)作进一步诠释,通过数量换算,把看不见、摸不着的时间距离换成能丈量的路程距离,我们对"一光年"的长度距离的感受就具体多了。

概念的说明又要求科学、详尽、严密,这样,光下个定义就不大能让人满足了。因此,进一步的说明解释就非常有必要,这时,就可以概念的内涵定义为中心,对概念的其它方面,比如它的外延,它的上下位概念,它的一般属性,它的主要特征等等作全面的诠释。在这种情况下,更需要组织好句群甚至篇章。

(二)句群与判断

判断是一种重要的思维形态,它断定事物的情况,或肯定某种事物是否存在,或指明它是否具有某种属性。判断有简单和复杂之分,简单判断由简单命题表达,一般采用单句形式,复杂判断由复合命题表达,通常采用复句形式。但是,首先,现代逻辑在探索判断和句子的关系时,发现句子和判断之间彼此既对应又不对应,比如,单句有时候也表达复杂的判断,简单命题包含有丰富复杂的具体内容,同一个句子可以表达不同的命题(判断),同一判断可以有这样那样的语言表达形式,等等;于是,提出了改造命题的问题,并且认为研究这一课题的一个重要方面是必须充分利用语言环境分析,尤其是上下文照应。其次,句群研究的成果表明,有些句群与复句之间可以相互转换,因此,某些由复合命题,比如合取命题、析取命题表达的复杂判断,它们所采用的复句形式是有可能转换为句群形式的，复杂判断的表达形式既可以是复句，也可以是句群。下面列举几个采用句群形式表达的复杂判断：

用例十一：(1)我国的建筑，从古代的宫殿到近代的一般住房，绝大部分是对称的，左边怎么样，右边也怎么样。(2)苏州园林可绝不讲究对称，好像故意避免似的。(3)东边有了一个亭子或者一道回廊，西边决不会来一个同样的亭子或者一道同样的回廊。(叶圣陶《苏州园林》)

用例十一是联言判断，用以判断若干事物同时存在；这里是说"我国建筑大多讲究对称"和"苏州园林绝不讲究对称"两种相反的情况同时存在。用例十一从结构关系看，是二重并列句群。表达联言判断的句群最常见的是并列句群，其它如连贯句群、递进句群、转折句群等也都可以用来表达联言判断。

用例十二：**1**(1)似乎人生本来就是一场妥协着演出的戏，问题在知情地妥协？(2)还是不知情地妥协？**2**(3)妥协得难过？(4)还是妥协得平平乐乐？(叶子《破冬·自序》)

用例十二包括两个选择句群**1**和**2**，都用于表达选言判断；这两个句群都可以转换为选择复句。选言判断表示所断定事物里的两个或几个可能存在的情况中，至少有一个情况是存在的。

用例十三：(1)骄傲的人既然只看到自己的长处和优点，也就必然夸大个人的力量，认为只要他一出现，什么问题都会迎刃而解的。(2)就这样，他就会自己蒙严自己的眼睛，看不到工作中的缺点和错误，看不到已经发生或可能发生的困难，当然，也就不会动员大家来消灭缺点并对困难采取办法认真加以克服，或预作防范。(3)无数经验证明：看不到缺点，看不到困难因而疏忽大意，一百件工作，九十九件没有不失败的。(马铁丁《骄必败》)

用例十三是假言判断，用以判断甲事物的存在是乙事物存在的条件；这里是说"骄傲的人夸大个人力量"这种现象的存在是"看不到缺点、困难因而疏忽大意，一百件工作，九十九件失败"这一结果出现的条件。用例十三从结构关系看，是二重假设条件句群，(1)和(2)、(3)之间用关联词语"就这样"衔接。

二　句群和推理、论证

推理和论证都是命题逻辑的研究对象，稍有不同的是，推理是思维的基本形态之一，而论证是一个证明事物真实性的过程，是推理的运用。推理和论证通常都需要采用句群或大于句群的语言单位来表达，特别是论证；这一点是语言学界和逻辑学界的共识。因此，无论在语文教学还是在逻辑教学中，句群直至篇章的分析与推理、论证的教学一般都是综合进行的。

(一)句群与推理

推理是由一个或几个已知的判断(前提)推出新判断(结论)的思维形态，是一种重要的认知方法。逻辑学家认为，推理必然地表现为一定形式的复句或句群，但不是所有的复句或句群都是推理，这就需要识别，看看复句或句群中是否有前提和结论的推理关系，这个时候常需要借助一定的语言形式标志，比如关联词语等来认定。推理有严格的逻辑结构，三段论是最典型、最基本的推理形式，推理中的演绎推理、归纳推理和类比推理都要以它为基础，不能违反它的规则。推理的逻辑结构，一般是前提在前，结论在后，前提中又是大前提在前，小前提在后；而且一般必须齐全。可是，推理的语言表达形式却是多种多样的，不仅次序可以变更，项目也可以省略，或省略某个前提，甚至于连结论也可以省略。这就要求我们在教学中，既要注意二者的紧密联系，又要注意二者的各自特点；特别要引导学生体会运用推理时逻辑结构的严格要求和表达形式的灵活多样之间的关系，防止发生表达和理解上的错误。

用例十四：

一个由打工者组成的节目组能取得不凡实绩，除了制片人科学管理，也反映了打工者的高素质，从他们身上读出的是自信、自尊、自强的主人翁意识和精神。

(1)从此想到，目前在城市和发达地区属“编外”、“临时”的打工者数以万计，他们的素质如何呢？(2)有长年累月不思进取的文盲半文盲，有日宿夜出吃“青春饭”的三陪女，甚至还有打工为名偷盗为实的流窜团伙。(3)而且他们是打工者中的大军，所以今日的“打工者”还不是动听悦耳的名字。(项伟《打工者的素质》)

用例十四是某晚报一篇文章中的第三、四自然段。第三自然段是一个用复句表达的因果推理。第四自然段的(1)承第三自然段“取得不凡实绩是由于打工者具有高素质”这一原因，提出了目前“打工大军”的素质如何的问题，(2)、(3)作了推理；是一个用解证句群表达的推理。但是，这个推理是不能成立的。我们来看一下这个句群推理的“三段论”：

大前提:“打工者”中有长年累月不思进取的文盲半文盲，

有日宿夜出吃“青春饭”的三陪女，有打工为名偷

盗为实的流窜团伙。

小前提:他们(以上列举的三种人)是打工者中的大军，

结　论:今日的“打工者”还不是动听悦耳的名字。

在上述三段论中，首先，大、小前提都犯了偷换概念、以偏概全的错误:打工者大军＝三种人;完全不符合实际。而且，三陪女是扫黄对象，偷盗为业的流窜团伙是犯罪分子，怎么能说成是打工者呢?其次，大、小前提中大词(三种人)与小词(指代三种人的“他们”)是相同的词项;结论中的谓词不是大前提中的大词，而是另一个新词项。这都是不合推理逻辑结构的要求的，所以，这个三段论不能成立，这个推理是不成功的。这个句群中，也还有其它方面的逻辑错误，比如“城市”和“发达地区”并列。此外，在用人制度改革‘已经有了很大进展的今天，编外、临时、合同等打工形式十分普遍，而且可能还会有更大的发展，所以，“打工者(仔)”这一名字自身并不存在是否“动听悦耳”的问题;至于“正规军”的在职人员，从广义上看，似乎也可以说是“终生”形式的打工者，这则涉及对这一新概念内涵的不同理解问题。

用例十五:(1)以前鲁迅家里有一个保姆，名叫阿三，原是个女工，有一次她对我说，中国的俗传人是鬼投胎而生出来的，但她不相信。(2)她说，如果一个鬼投胎生下一个人来，那么人数就有限制了，可是实际上人在多起来，不论是在村里或在有些家庭里都可以看到这种情形。(3)因此，她肯定人不是鬼投胎来的。(周建人《科学知识

与科学头脑》)

用例十五是一个二重因果句群，但是，它表达的却是阿三的两个内容紧密衔接的连续推理过程：

第一个推理：

大前提：人是鬼投胎而生出来的，

小前提：一个鬼投胎生下一个人来，

结　论：人数就有一定的限制了。

第二个推理：

大前提：人是鬼投胎而生出来的，鬼数量应该比人多（因为一个鬼不可能投胎生出几个人来，也还有一些鬼尚待投胎），

小前提：实际上人在多起来（＝人的数量比鬼多），

结　论：人不是鬼投胎来的。

两个推理的大前提都被第二个推理所得的结论推翻了，所以阿三的不相信中国的俗传是对的。周建人先生用这个实例来证明："另一方面，有些没有学过科学的人，思想却会比较科学"，只要肯像阿三那样勤于思考、善于思考。用例十五说明推理和句群之间不是简单的一对一的对应，推理的语言表达形式中有省略、有变化，是相当灵活多样的，如果我们能掌握其中的规律，不仅逻辑思维可以达到准确，语言表达也会富有变化。

(二)句群与论证

无论说话还是写文章，总要提出某种观点（命题、判断），并且要证明它的正确或谬误，以让人相信或说服别人，这就需要论证。论证是推理的运用，因此，没有必要也很难在论证和

推理之间划一条一清二楚界线。不过，论证的结构形式表现为论点、认据和论证方式三个方面的协调统一，不限于命题和命题之间的有无联系。论证中的论点是真实性需要证明的命题，论据是用来证明论点的判断或事例，论证方式则是论证时运用的推理形式。

论证通常采用句群（含）以上的语言单位。本书第二章讨论议论句群时，已介绍过论点、论据或扼要的论证过程分别由一个句群表达，和一个句群表达一个立论或驳论的情况。这里，仅举几个论证方式采用句群表达形式的实例：

> 用例十六：(1)中国人的发明创造绝不止于这“四大发明”，我们向全人类贡献的东西实在数不胜数。(2)而且，同许多人的“常识”相悖，中国人的发明创造也不止于自然科学和技术，而是包括了社会科学、自然科学的各个领域。(3)一个历史悠久文化昌明的民族和国家在人类生活的各个方面势必会有早于其它民族的探索和创造。（苏叔阳《我们的祖国叫中国》）

用例十六是一个二重的解证句群。从论证方式的角度看，这个句群体现了一个由一般到个别的演绎论证的过程：(1)、(2)提出中国人的发明创造是包括了社会科学、自然科学的各个领域的，是结论，(3)是大前提，小前提省略；这是采用颠倒逻辑顺序的方法以强调结论的一个实例。如果我们把论证中省略的部分补充出来，把颠倒的顺序正过来，那么，这个句群所表达的推理的逻辑结构就应该是：

大前提：(3)，

小前提：中国是一个历史悠久文化昌明的国家，

结 论:(1)、(2)(是一个递进分句群)。

用例十七:(1)许许多多谜语,也可以说都是譬喻。(2)譬喻可以增添情趣,加强文采,有时还能使形象生动,诗意盎然,这道理我们从一些精彩的猜物谜语中也可以领略一二。(3)例如,一个关于船竿的谜语这样写道:“想当初,绿叶婆娑,自归郎后,绿少黄多。历尽了风波,受尽了折磨。休提起,提起了,泪滴滴江河。”(4)一个关于蜘蛛的谜语这样写道:“小小诸葛亮,稳坐中军帐,布下八卦阵,专捉飞来将。”(5)一个关于爆竹的谜语这样写道:“千层褥子千层被,黑衣小孩被里睡,红衣小孩来叫门,蹬破褥子踢破被。”(6)这一类的“譬喻”,可不就很能发挥艺术的效果吗?(秦牧《譬喻——语言艺术之花》)

用例十七是一个三重的解证句群,从论证方式的角度看,这个句群体现了一个从个别到一般的枚举式的不完全归纳论证过程,整个句群是结论——(1)、(2),在前,论据——(3)至(6),在后;在第二重的解证分句群里是论据——(3)至(5),在前,结论——(6),在后。这是一个大论证套小论证的复合论证形式。

归纳论证一般只提供或然性的结论,但是,它却是人们获得新知识的基本手段,因此,不仅在工作中而且在日常生活中,都是很常用的逻辑推理形式。可以用来作归纳论证的抡据,除枚举真实事例之外,还可以选择典型事物、运用统计数字等等,无论选用哪一种,都要注意它们的真实性、准确性和是否能准确地说明论点。

论证中的类比论证,尽管其结论也是或然的,但是,它具有启发思路、提供线索、举一反三、触类旁通的作用，因而是人们运用得十分频繁的一种论证方式；它不仅在日常生活中随处可见，在科学发展中也不失为一种有效的探测方法。在语言材料中，表达类比论证的句群、段落、片断、篇章，也是俯拾皆是，比如，前面分析过的用例十（叶圣陶《以画为喻》），从论证方式的角度看，就是一个运用篇章表达的类比论证。类比论证是由两个或两类事物的某些属性相同，推出它们在另一属性上也相同的推理。这就要求我们对用来类比的两个或两类事物之间是否确实具有某些相同的属性这一点有准确的判断，因为只有这样，才能保证前提和结论之间、材料和观点之间的统一，论证也才会收到应有的效果。

第五章　句群和语言研究

我们在前言中说，句群研究的兴起是语法研究和语言教学深入发展并且更加注重实用的必然，也是语言学的其它分支，以及与语言学相关的各种学科发生、发展的需要。反过来看，句群研究对于语言学和其它相关学科的发展也起着不可替代的促进作用。这里主要谈它对语言理论研究和语言应用研究的影响。

第一节　句群和语言理论研究

80 年代以来，现代理论语言学有两个明显的具有方法论意义的变革：一是承认任何一个语言单位都是存在于一个包含着它的更大单位之中，因而不再孤立地描写和解释某一语言现象；二是突破了语言研究，特别是语法研究以句子为限的传统束缚，把视野扩展到大于句子的语言单位上。句群研究的兴起和发展，既是顺应这两个变革的需要，同时又在很大程度上促进了它们的实现。以下从几个方面举例说明：

一　句群和语法研究

吕叔湘说："语法研究首先研究什么？我的回答是，首先研究的是在语言实践中出现的一个个句子，是说话中间、文章中间出现的一个个句子——按最新的说法，还包括由语法手段连成串的句子群——研究什么样的句子能说，有人说，什么样的句子不能说，没人说。”[①] 我们十分赞同这一看法，并且认为，句子群（句群）既是话语分析的重要单位，是话语语言学的研究对象，又是结构分析的最大单位，是语法学的研究对象。有位华人学者认为：“我们一旦把句法的研究由传统的‘句子’延伸到主题串或段落，汉语的句法研究就很有可能对句法理论有所贡献，这是因为在汉语‘句’与‘句’之间比起现在一般语法理论所根据的印欧语言有更多的限制存在”，“这类限制不但存在于汉语也存在于世界上的每一个自然语言”，因此，寻找出一个合适的框架来描写和解释存在于汉语‘句’和‘句’之间的限制，必定能对普通语法理论研究作出应有的贡献。这从 80 年代以来国内汉语语法学界共同感兴趣的许多课题都与句群有关，可以得到证明。

（一）句群与句子的功能分类

1979 年，吕叔湘明确提出了句子的功能分类问题。他说：“要是按一个句子在一组句子里的地位和作用，也就是按功能来分类，可以分为始发句和后续句，这在语法上是有区别的，比如始发句里不大能用<u>你</u>、<u>我</u>以外的指代词，不大能省略主语和宾语。后续句多数是承上句，可也有启下句，比如用<u>首先</u>或<u>第一</u>或<u>一方面</u>开头的句子都有启下的作用，而用<u>其次</u>或<u>第二</u>或<u>另一方面</u>开头的句子则是承上句。在两个人或几个人对话的时候，除第一个说话的人的第一句话一定是始发句外，

① 吕叔湘《语文近著》，上海教育出版社，1987 年，第 172 页。

别人的话即使是第一句也不一定是始发句，也可能是接着别人的话说的。问话不一定是始发句，答话却一定是后续句。一段结尾的句子可能有标记，但是不一定有。”①然而，这个问题提出后，投入研究的人并不多。这是因为，要按句子在一组句子或段落中的地位和作用来给句子分类，需要分析大量句群、段落和篇章，需要有话语分析的基础知识和理论修养；这是一个难度较大、工作量不小的课题。

1993年，吴为章发表了《关于句子的功能分类》②一文。论文指出：“80年代以来，始发句(有人称作“起始句”或“发端句”)、后续句和终止句这些术语，尽管大家的理解并不一致，但是，它们不仅在句群教学与研究中频繁出现，而且在语法分析、句子理解、语言预测、话语的组合和切分、话轮的转换与衔接等理论领域中开始广泛运用。事实表明，按功能来给句子分类，并非纯粹是分类标准或角度不同的问题，而是具有方法论的价值的；按功能分类的句子类别，在语言教学和研究中，正在发挥着按结构分类的句子类别所不能替代的作用。因此，有必要加以深入的研究。”论文在大量篇章分析工作的基础上，描写了按功能分类的三类句子的分布、特征及其应用。论文受吕叔湘的启发，坚持主要在句群中观察句子的地位和作用，由此得到“从语言研究的角度看，始发句和终止句的探讨尤为重要”的结论，从而把描写的重点确定在这两类功能句子上。可以说，没有句群研究的成果和经验积累，是很难对功

① 吕叔湘《汉语语法分析问题》，商务印书馆，1979年，第54页。

② 吴为章《关于句子的功能分类》，中国语言学会第七届学术年会论文，1993年11月；《语言教学与研究》1994年第1期。

能分类的句子发表中肯的意见的。

(二)句群与歧义结构的分化

80年代以来,歧义结构的研究吸引了众多的语言学者,而且硕果累累。但是,在所列举的歧义类例中,多数是在孤立分析时才有歧义。比如,孤立分析"我表弟的崇拜者"这一结构,可以有两种理解:一是"我表弟"为施事时,意思是"受我表弟崇拜的人";另一是"我表弟"为受事时,意思是"崇拜我表弟的人"。但是,这个结构一旦进入特定的上下文,歧义就自动消失。请听电视连续剧《密探》中潘非和孟梅的一段对话:

用例一:

潘非:她是谁?

孟梅:我表弟的崇拜者。

潘非:干什么的?

孟梅:电影明星,架子很大,我表弟在她面前总是诚惶诚恐的。

上述句群由两个问答式的话对组成。在第一个话对中,"我表弟的崇拜者"可以有两种理解,但是,有了后续话对这一特定的下文,就只能理解为"我表弟崇拜的人"了,语义是明确的、单一的。

由此可见,要消除歧义,保持信息通道不受阻,必须运用句群、研究句群。一般说来,句群是使句子语义明确的起码的"外显性语境"。如果某个结构在进入句群之后依然存在歧义,那就要认真找找原因,设法避免;除非是有意运用上下文来造成歧义以表现某种特殊的修辞效果。

（三）句群与支配成分的隐现

语法学认为，句子中的动词和与它同现的无标记名词之间存在着支配和被支配的关系，动词起支配作用，名词作支配成分。在一般情况下，与动词有支配关系的成分是不能“从缺”的。80 年代以来，许多研究成果，特别是“配价”（或“向”）理论的探讨表明：动词支配成分的隐显，与语法研究中动词的分类、句型的归纳、句式的确定，语义分析中的“指称”（reference）、“指示”（deixis）、“回指”（anaphora）现象以及话语分析中话语结构类型、话轮转换组合等的研究都有很密切的关系。正因为这样，动词支配成分“从缺”情况和条件的研究，成为一个多学科关注的热点。

语言运用中所谓“从缺”，一般包括“省略”和“隐含”两种情况。按照吕叔湘的意见，“省略”必须同时符合两个条件：一是，一句话离开上下文或者说话的环境意思就不清楚，必须添补一定的词语意思才清楚；二是，经过添补的话是实际上可以有的，并且添补的词语只有一种可能。因此，只有具备上述条件的“从缺”，才能叫做“省略”。而“隐含”则不同，一般不能添补，即使可以添补也不止一种可能。80 年代以来，国内学者研究支配成分“从缺”时，重点探讨的是省略的条件和可能出现“隐含”现象的句法结构。廖秋忠在《现代汉语中动词支配成分的省略》[①]一文中明确提出：“动词支配成分的省略是语境促成的”，“最近一些研究表明，话语链（topic chain）是决定动词支配成分可以从缺的一个主要条件。”论文所说的“省略”

① 廖秋忠《现代汉语中动词支配成分的省略》，《中国语文》1984 年第 4 期。

与“从缺”相当，是包括“隐含”在内的，即“从缺”的成分只能在语境中，“找回”的那一类；所说的“话语链”，我们认为可以理解为复句和句群，而且是以句群为主的。可见，要解释动词支配成分的隐显，用得着句群的理论知识。

我们在探讨动词的“向”和区分单向动词、双向动词和三向动词时，常常可以看到某些在句子中不能省略的“向”（或称“必有成分”），在句群中可以承上下文省略。在探讨“隐含”的不少论著中，我们也看到，某些隐含现象，只能在句群或更大的上下文中才能“找回”，也就是才能给予准确的语义解释；而一些在语言之外的环境中才能“找回”的隐含，如果需要，一般也可以通过句群把它描写出来。

二 句群和语义分析

80 年代以来，语义问题受到越来越多学者的关注，这是因为当代语言学要想对语言结构进行更加深入和更富实用价值的研究，在很大程度上取决于语义研究的进展。与传统语义学相比，现代语义学对语义的研究有两大进步：一是对语言意义的研究更加细致深入，这主要表现为探讨了词义内部的构成情况和对语义作了细致的分类；二是把语言意义的研究放在运用环境中进行，这则表现为不再孤立地讨论词义、句义，而是在句子中探讨词义、在大于句子的语言单位或交际行为中探讨句义，并且进而探讨语义和语义、语义和客观世界之间的种种联系。现代语义学的研究成果，对语法学的促进作用十分明显，对句群的研究也提出了更高的要求。与此同时，我们也看到，它在很大程度上也吸收了句群理论研究的成果。

（一）句群与语义类型的确认

现代语义学对语义的分类越来越细密。比如，国外比较有代表性的语义学者、英国语言学家杰弗里·利奇(Geoffrey Leech)在《语义学》①一书的第二章中，讨论了七种不同的意义：理性意义、内涵意义、社会意义、情感意义、反映意义、搭配意义和主题意义。我国也有不少学者对语义分类提出种种看法，比如，王秀丽在《语境中的词义辨析》②一文中，讨论了言语交际中词的语境意义，分为九种：基本意义、搭配意义、语法意义、修辞意义、主观意义、逻辑意义、文化意义、时空意义和主题意义。王秀丽论文中所界定的语境是包括语言知识和语言外知识两个方面的；其中，语言知识指的是所使用语言的知识和对语言上下文的了解。

在划分语义类型时，许多论著不约而同地都利用了语言的上下文语境，这说明起码的上下文语境，比如句子、句群，对语义类型的辨认十分重要。同一个语言单位，在不同的上下文语境中，往往有不同的理解，分别属于不同的语义类型，体现出不同的表达功能和修辞效果。

用例二：

甲：我比你尖。

乙：你当然比我尖，你的脑袋那么小。

甲：你说到哪里去了，我是说我的铅笔比你的尖。

（引自曹逢甫《主题在汉语中的功能研究：迈向语段分析的第一步》）

---

① 〔英〕杰弗里·利奇《语义学》，中译本，上海外语教育出版社，1987年。

② 王秀丽《语境中的词义辨析》，收入中国社会科学院语言研究所“汉语运用的语用原则”课题组《语用研究论集》，北京语言学院出版社，1994年。

用例二包括甲乙两个说话人的三个话轮，先后出现三个“尖”字。第一个“尖”字意义不确定，单独理解可以因人而异；所以，乙把“尖”当做“善于钻营”(汉语中有“削尖脑袋往里钻”的俗语)来理解，这个“尖”表达的是临时的修辞意义，确认的语境是复句。甲发现乙误解了，作了必要的解释，先否定乙的错误理解，然后给出准确的释义；这第三个“尖”字，表达“末端细小，尖锐”的意思，是基本意义(有人叫做“理性意义”)，确认的语境是由三个话轮组合而成的句群。

(二)句群与名词词语的指称

名词词语的主要表达功能是指称客观事物。在实际话语中，与名词词语这一主要功能相关的语义概念有四组：有指—无指、定指—不定指、实指—虚指和通指—单指。这四组语义概念都是描写名词词语的所指对象(referent)同实际语境中存在的事物之间的关系的。在这四组语义概念中，定指和不定指对语言结构的分析、语言内容的理解，关系尤为密切。一般情况下，名词词语的定指和不定指都是由说话人决定的。说话人使用某个名词词语时，如果预料听话人能够将所指对象与语境中某个特定事物等同起来，或者能够把它与同一语境中可能存在的其它同类实体区分开来，那么他可能使用定指，这个名词词语就是定指成分。相反，如果预料听话人无法将所指对象与语境中某个特定事物等同起来，或者无法把它与同一语境中其它同类实体区分开来，那么他可能使用不定指，这个名词词语就是不定指。在现代汉语中，定指和不定指都有典型的语言表现形式，比如，人称代词、专有名词和指示代词，它们是典型的定指形式；而“一＋量词＋名词”、“量词＋

名词”，它们是典型的不定指形式。因此，说话人在选择定指或者不定指形式时，就要考虑听话人的情况，特别是他们可能共享的知识范围，这其中也包括由语言的上下文传递的信息。

语言学者在探讨名词词语的实际指称时，还考虑了信息传递如何利于接收的问题。大多数人认为：传递新信息的一个主要方法，或许是唯一的方法，就是把某一特定事物认定为出发点，然后逐渐增加一些新的知识到听话人对该特定事物所有的知识中去。基于这一共识，国内外有不少语言学家认为：现代汉语句子的主语指确定的、已知的事物，而宾语指不确定的、新知的事物。但是，范继淹却指出：无定 NP 作主语的句子并不罕见。[①] 这是因为，名词词语实际指称功能的选择决定于说话人对听话人情况的估计，也受到一定的上下文语境的制约。比如，新闻报道中，不定指称形式作主语的句子很常见，这是因为记者们通常都是估计受众无法把所报道的事物与某一特定事物等同起来，或者从同类事物中把它们区分开来；但是，如果有一定的上下文作依托，就可以采用定指形式作主语的句子。这都说明，名词词语实际指称的确认常常必须参考句群分析的成果。

还有，前面说过，“一＋量词＋名词”是典型的不定指形式，但是，某些采用这种形式作主语的句子，在句群中考察时，它所表达的却是定指的事物，应该作定指理解。比如：

用例三：(1)1979 年 10 月 11 日下午，一排轿车鱼贯

① 范继淹《无定 NP 主语句》，收入《语法研究和探索》(三)，北京大学出版社，1985 年。

驶进龙门石窟。(2)总理陪同加拿大总理鲁特多前来龙门参观。(《北京晚报》)

"一排轿车"是典型的不定指形式,但是,在用例三中,由于下文的补充,它所指称的事物却是确定的,因而是定指指称。

还有另一种情况,即某些名词词语既可以用作定指,也可以用作不定指,这更需要在具体语境中区别,而句群是一种便捷的辨析语境。

用例四:(1)门一打开,进来一男两女三个青年,都很神气,其中一个女孩子很像英格丽·褒曼。(2)大鸣直起了腰。(3)三个客人嗅嗅鼻子,似乎不习惯这屋子的烟味和臭袜子味。(引自陈平《释汉语中与名词性成分相关的四组概念》)

用例四是三个句子组成的连贯句群,其中,"三个青年/客人"孤立看,是定指和不定指两可的语言形式,但是,在用例四中,它们是可以明确区别的。(1)中的"三个青年"是不定指,(3)中的"三个客人",照应前面"一男两女三个青年",是定指;这一区别,从它们充当的句法成分不同,也可以得到证实。

上述用例说明,对一些句子的主语,如何确定他们的定指或不定指,有赖于对句群这一"外显性语境"的分析与研究。

(三)句群与名词词语的照应

语言表达中的前后照应,可以使谈话周密条理,从而有助于准确理解和及时反馈。照应,就是谈话中提到某个事物之后,再要谈到它的时候,就使用各种名词词语形式来"回指",以便取得上下文之间语义的连贯一致。这样,前后相互照应的词语之间就构成一种关系,一般把先出现的词语叫做"先行语”(antecedent),用来“回指”的、后出现的词语叫做“照应语”,(anaphor)。从语序上看,一般是先行语在前,照应语在后;也有照应语在前,先行语在后的特殊情况,叫做“逆向照应”或者“前照应”(cataphora)。构成照应关系的词语通常指称也相同,因此,所谓照应关系,就主要是指语言结构中成分之间的“同指”(coreference)现象。在汉语中,同指现象中用来回指的语言形式常见的有三种:零形式照应(或叫做“省略照应”)、代词性照应和名词性照应;照应还可以用语言外的因素来充当,这种照应叫做“外指照应”(exophora);或同时既有语言的照应,又有语言外的客观环境的照应。

在语言理解研究中,在人机对话研究中,照应关系的确认、回指形式的生成都是一个急待解决的难题。目前,比较有成效的做法是,运用句群或话语链中相关句子的主语、主题或谓语、述题之间的语义联系来探讨语言运用的照应关系。

> 用例五:(1)王小嫚从上到下打量着变了样的陆大夫,最后又盯着她的眼睛。(2)从那双温柔的含着笑意的眼睛里,孩子似乎找到了力量。(3)她身不由主地上了手术台。(4)护士给小病人罩上有孔布。(谌容《人到中年》)

用例五中,三种常见的语言照应形式都出现了,是难得的运用照应关系的典型用例。(1)的第一个分句中,“王小嫚”、“陆大夫”都是先行语、名词定指指称。第二个分句主语承上省略,这是零形式照应语,回指“王小嫚”构成照应关系,是定指形式;定语“她”是代词性照应语,回指“陆大夫”构成照应关系,也是定指形式。(2)中的“孩子”是名词性照应语,回指上一句话里的“王小嫚”构成照应关系。“孩子”是普通名词，又不带任何修饰成分，因此，孤立看定指不定指都可以；这里的“孩子”在句群语境中被确认为定指。(3)中的“她”是代词性照应语，回指上一句的“孩子”构成照应关系，是定指形式。(4)中介词“给”的宾语“小病人”是名词性照应语，回指上一句的“她”构成照应关系，也是普通名词在句群语境中被确认为定指。整个用例五有两个照应关系：“王小嫚——零照应——孩子——她——小病人”和“陆大夫——她”，整个句群正是通过连绵不断的语义照应关系紧密组合为一体的，而句群中，句子和句子所运用的形式衔接手段，反过来又提供了选择回指形式的依据和确认照应关系的参照。

上述用例句子之间的语义照应，实际上是这个句群意义连贯手段的体现。从意义连贯上看，前三个句子之间的联系是：主题相同，述题不同，或叫做一个主题共有几个述题；三个句子形成一个主题链，共同表达同一个特定事物。而第四个句子其实也可以采用同一主题的形式，让整个句群成为一个主题链，比如(4)可以变换为：“小病人被(护士)罩上有孔布”。由此，我们又可以看到句群语境对句式选择的制约。

三　句群和语言预测

预测是指导学科发展的方法论之一，任何科学都应该重视预测工作，都应该努力寻求适合本学科预测的方法。80年代以来，社会语言生活的复杂变化、迅速发展，促使语言学界也开始认真进行语言预测策略的研究；有关成果，比如句子理解策略的研究、预测原理在语言教学中的运用、新词语的预测研究[1]等，初步展示了这块田野的肥沃无垠和急待开垦。

（一）句群与语言理解的预测

语言理解的研究主要是从听话人角度考察接收信息的过程，探讨人们如何逐步听懂话语的意思。科学实验证明，人在听话的过程中并非只是被动地接收，而是一边听，一边预测下文，一边修正，一边理解内容的。人的这种预测能力，特别是预测的成功率，与听话人的文化修养、心理素质、联想能力，谈话双方的亲疏关系、交谈背景、共享知识等等多种因素密切相关，其中，有语言的，也有非语言的；但是，语言学家的主要注意力是在语言方面。因此，目前关于语言理解策略的研究集中在语言结构预测方面，涉及的策略主要有：词语提取策略、词语预测策略、尝试组合策略和模式对照策略；一般是在句子的框架内操作，描写的对象以粘着形式为主，单位到小句为止。

长期以来，我们习惯于分析单独的句子，对大于句子的单位以及句子和句子之间的关系注意不够，这种习惯束缚了我们对语言现象的观察和研究。实际上，在人们的语言交际过程中，只用一个句子的情况是不多的，通常是使用一连串句子，这些句子或各自独立，或组合为大于句子的单位——句群或段落。这样，语言理解也就不能不超越句子，进入大于句子的单位，起码是句群。适应这种情况，语言预测的框架也应该扩大，而就我们所掌握的语料看，句群预测策略不仅更具有实

① 如：文炼《句子理解的策略》，《中国语文》1992 年第 4 期；周洪波《新词语的预测》，《语言文字应用》1996 年第 2 期；张犁《预测原理在听力教学中的应用》，《语言教学与研究》1994 年第 1 期。

效性，而且可以把上面提到的各种语言结构预测策略综合在一起运用，从而更具有一致性和可操作性。比如，在会话中，语言的关联性有可能影响理解预测，这种现象一般在句群中发生。请听电视连续剧《真爱一世情》中江永泉和张婷婷的一段对话：

用例六：

永泉：你愿意嫁给我吗？

婷婷：（注视永泉）

永泉：我希望你认真考虑一下。

婷婷：我答应你，认真地考虑一下。

这是由三个话轮组合而成的句群，每一个话轮都是一个句子。由于语言的关联性对语言理解有制约作用，因此，当婷婷说到“我答应你”的时候，依据上两个话轮，永泉的理解预测可以既是“愿意嫁给你”，也可以是“认真地考虑一下”，而就永泉来说，企盼的可能是前者。只有等婷婷把话都说完之后，永泉的预测才能得到证实或修正，也才能达到准确的理解。

运用大于句子的语言单位来进行理解预测，已经引起一些语言学家的注意。比如，廖秋忠和范继淹就都谈到过某些新闻作品的导语，是全篇作品的始发句（或句群），可以用来预测后续的全部句子（或篇章）。曹逢甫认为主题对前面的句子或句群有联系和引介功能，对后面的句子或句群有串联和对比功能；这说明句子的主题可以用来预测。我们也注意到，毗邻的几个句子，它们的主题有时候会构成主题链，形成总主题，这同样可以利用来进行语义理解的预测。我们在探讨句群的组合和切分时发现，某些功能句型具有预测作用，比如，始发句可以预测后续句；中心句如果位于"群"首、"段"首，可以预测紧跟其后、作为它的支撑句的所有句子。此外，某些特殊句式、某些组合手段，也有预测句群或段落理解方向的作用，比如，用作中心句的问句，可以预测后续所有句子的理解方向；运用问答手段组合的句群，可以利用问句预测答句；运用承省手段组合的句群，可以利用完全句预测省略句等等。此外，总分句群的两个组成部分：总说和分说也可以相互预测，或总说预测分说，或分说预测总说；因果句群、条件句群等等也同样，可以利用"偏"预测"正"，因为在语言运用中，有"偏"必有"正"。当然，语言理解的预测不限于语言结构因素，它的天地很宽，研究也才开始；而预测也只是暗示一个理解的方向，并不能代替具体的真实的理解。不过，理解策略的恰当、有效的运用，的确可以达到用较短的时间、花较少的气力，而获得圆满交流的效果。

（二）句群与新词新语的预测

我国改革开放政策的推行，商品经济的迅速腾飞，带来了国内外广大民众之间各式各样的频繁交往。适应社会发展变化的需要，同时也是多种文化交流、语言碰撞的结果，现代汉语发生了空前的发展变化，其中，最为明显的就是涌现出大量新词语、新用法，语言生活也出现了一个多元化的局面。如何估计和引导语言的发展和运用，使汉民族的共同语——现代汉语普通话更好地为改革开放、发展经济服务，这是所有语言工作者，特别是国家语文立法者关心的重要课题。80 年代以后，这方面的研究投入较多，其中，关于新词语的收集整理、特点分析和规范研究，已经有不少成果问世。在新词语的研究中，预测策略的运用从不自觉到自觉、从个别人零散提及到专文讨论并引起广泛兴趣，可以说是一个跨越。我们认为，预测理论的引进，对于新词语、新用法的研究，对于社会生活用语的规范，对于普通话的推广，是大有裨益的。

关于新词语预测的研究，目前，正在做的工作主要有两方面：一是根据新出现的词语推测还有哪些在逻辑意义上潜在的词语可能出现、怎样出现，比如，“女强人→男强人？→老强人？→小强人？”；二是预测新出现的词语可能发生什么样的变化，包括自身的发展和对所属子系统的影响，比如，“的士→面的→轿的→摩的→板的→打的→的票”。就我们所见，现有成果为上述两方面工作所设置的观察框架，多数还局限在句子内。但是，我们看到，某些词语在其出现的初始阶段，往往需要在大于句子的语言上下文中才能有比较确定的内涵。比如，在《精选汉语新词语词典》（审订于根元，主编周洪波，四川人民出版社，1997年）中有这样的词条。

> 用例七：【鞭打快牛】biān dǎ kuài niú 喻指对贡献大的人或企业过度加码，使其做更多的贡献。例如：(1)在经济改革中，“鞭打快牛”是不对的。(2)就是说，在确定各项经济指标和承包基数时，不能不顾实际可能，对完成任务好的企业一味加码。（《经济日报》1983，3，29）在市场经济体制下，企业有盈必有亏，有生必有死，这是价值规律的客观要求，因此，政府不必因企业发生亏损而给予大量补贴，也不必因企业盈利而“鞭打快牛”。（《北京日报》1993，1，12）

这个词条释义时引用的两个实例，出现的时间相隔十年。第一个实例是包括两个句子的解证句群；其中，(2)对(1)中的词语“鞭打快牛”的含义作了解释。从中可以推测这个词语还处于初始阶段，它的比喻义多数读者还不熟悉，因此，需要进行释义。十年之后，在不断运用中，人们已经掌握了“鞭打快牛”的比喻义，因此，第二个实例就没有必要再作释义工作了。

用例七给我们的启迪是，在新词语、新用法的预测和研究中，句群这个单位也是英雄有用武之地的。

第二节　句群和语言应用研究

现代语言学发展到当代，人们对它的应用要求越来越加迫切，这既是语言学本身深入发展的必然，也是社会经济发展、教育普及和科技进步的要求。适应这一形势，应用语言学应运而生，理论语言学则更重实际；而理论研究和应用研究的相互结合、相互促进，更是 80 年代以来现代语言学的显著特点之一。“三个平面语法观”的提出，功能语法学派的初步形成，话语分析研究的兴起和发展，语义学和语用学的诞生等等，正是这一特点的体现。这里仅就句群理论与应用研究的相辅相成谈点看法。

一　句群和话语分析

话语分析是 80 年代以来语言应用研究领域中一个热门课题，吸引着众多的学者。一般认为，“话语分析”这个术语较早是由美国的结构主义语言学家 Zellig Harris 提出的；1952 年，他发表一篇论文，题目就叫做《话语分析(discourse analysis)》。论文中的“话语”，也叫做“篇章”(text)，是指由句子连接成篇的语言结构体。Harris 提出话语分析有两个目的：一是寻找篇章的基本要素或组成单元及其结构形式；一是考察篇章结构形式与其使用语境之间的联系。

70 年代初，话语研究迅速发展，并且促成了话语语言学的诞生。不过，迄今各国学者对话语分析的含义，解释并不一致，在分析的目的和方法上，也缺乏统一的主张。不过，有两点认识为多数人所接受，其一是，研究大于句子的语言单位，其二是，研究实际运用中的语言现象。目前，话语分析研究则集中在结构类型辨析和篇章现象分析方面。

(一)句群与话语的基本单位

话语分析的对象是“大于句子的语言单位”，这是一个笼统的说法。一旦进入操作实践，什么是话语的基本结构单位，什么是话语分析的主要对象，就因人而异了。就现有的材料看，在基本结构单位的选择方面，有选择语调单元的，有选择语言行为的，有分别以小句、复句、句群、段落或者篇章为基本单位的，有统称“语段”不再区分单位类型或结构大小的；在主要研究对象的确定方面，有限于句子的，有限于“超句统一体”的，有限于段落的，有称之为“篇章”不加区分的。然而，在语言的实际运用中，不同的结构单位，其使用条件、表达功能并不完全相同；因此，以小句为基本结构单位研究所得的规律未必适用于段落(含)以上的单位，反之亦然。再有很重要的一点是，目前各家提到的可以称为话语单位的语言结构，如果由小到大、由下而上顺序排列，那么可以构成的层级系统应该是：句子(包括小句、复句)＜句群＜段落＜部分＜章节＜篇章；其中，毗邻的话语单位之间互为上下位、具有层次性，可以组合或切分，下位（或小）与上位（或大）单位之间经常呈现简单与复杂的区别。如果话语语言学主张话语分析的对象是大于句子的语言单位，那么，在上述话语结构单位层级系统中，必须是句群（含）以上的结构单位才算；所以，我们认为，句群才是话语的基本结构单位。并且，从便于分析操作的角度考虑，把句群当作话语分析的主要对象，以它为切入点进行话语分析是最为科学和可行的选择。这一选择的依据是：句群是从句法过渡到章法的桥梁，是篇章的雏形。我们的实践证明，只要把句群分析透了，朝句法方向走，向下可以讨论句子、小句、词语，朝章法方向走，向上可以探寻段落、部分、章节、篇章，从而达到以简驭繁、操作方便的实效。对这一主张，即把句群作为话语的基本结构单位和主要分析对象，从句群入手开展话语分析，有人称之为"句群本位"观，我们是欣然接受的。

实际上，话语语言学在研究话轮转换时，把会话单位由小到大区分为：话轮＜话对＜话串；其中，"话对"是会话的基本单位，它至少应该是由两个说话人分别说出的两个话轮（或"两番话"）组合而成。这样的"话对"必然是大于句子的语言单位；如果组成话对的两个话轮都是句子，那么这个话对也就相当于我们所说的最小句群。而在不少话语分析的论著中，大多数用作分析的话语单位，多数是相当于句群的语言结构。有些话语研究学家，比如，屈承熹和他的学生们发现：汉语普通话的篇章是由三个层次构成的层次结构组织起来的，这三个层次是小句、话题链和段落；其中"话题链"是包括复句和句群在内的。曹逢甫在《主题在汉语中的功能研究——迈向语段分析的第一步》(中译本)一书中讨论"主题串"时给过一个界定:"由一个或数个子句所组成且以一个出现在句首的共同主题贯串其间的一段话,实际上是汉语的言谈单位","建议把主题串看作一个单位,末尾用句号来标识";就这个说明看,"主题串"应该相当于复句(有人称为"小句复合体")。但是,我们却发现,该书在具体讨论汉语主题的篇章功能时,所分析的用例有不少是跨越了句子("末尾用句号来标识"的结构单位)的,这也证明,把句群看作语法分析的最大单位、话语分析的基本单位,是合乎语言运用实际和有利于话语分析的。

(二)句群与篇章现象分析

话语语言学中所说的"篇章现象"一般指的是语言使用中由于超越句子而产生的语言现象。它大致包括两个方面:一是话语结构类型,一是篇章连贯手段。关于话语单位的分类,不同的分析标准可以有不同的分类系统,前一小节涉及的系统是以结构形式为分类标准的。关于篇章连贯手段,可以从形式和意义两个方面来观察、收集、整理、分类,以构建篇章连贯手段的层级系统。当前,国外研究篇章连贯手段最有影响的学者有英国的语言学家 M. A. K. Halliday 和 R. Hasan。1976 年,他们在 Cohesion in English 一书中曾提出英语话语的连贯手段有:指称替代、词语替代、省略、词义联系和连接成分等。这些,本书第三章讨论的汉语句群接应手段可以包揽无遗;相比之下,汉语话语接应的手段则更为丰富多彩。

我们对句群进行研究的实践证明:由于汉语句法结构的简明性和一致性这个特点在各级语言单位中都明显存在,因此,分析句群这一级单位所得的结构类型、组合手段,也基本适用于由它逐层组合而成的大于它的各级话语单位，只不过有的常见、有的罕见或需要附加一定条件罢了。我们的实践还证明，作为话语单位，到句群（比它小的还有句子）这一级，它的结构类型、组合手段，都是“品种齐全”的，能够以一斑窥全豹，句群的确堪称“篇章的雏形”。因此，在篇章现象的研究方面，我们也同样坚持“句群本位”观。

在话语分析研究中能否接受“句群本位”观，涉及如何看待语言的静态研究和动态研究、微观研究和宏观研究的结合问题。有些语言学者一方面指责句群研究沿用结构主义的句子分析方法，认为句群研究所得出的话语特征、话语结构类型、话语连贯手段以及基本运用规律和表达功能等，只不过是研究句子与句子之间关系的结果，还不是话语现象的全部，因而还属于结构的研究、静态的研究、微观的研究；另一方面，他们夸大了交际行为的制约力和复杂性，认为话语是交际行为把语言系统中的单位加以编码的结果，是交际过程中出现的动态单位，必然受许多语言外部因素的制约，因此，话语的结构形式、单位大小、组合手段和运用规律、表达作用都很难有定论，只能从宏观上把握，因此，认为句群研究和话语分析之间不会有什么联系，甚至认为二者在语言观和方法论上都是对立的，根本没有相互借鉴、相互促进的可能。对此，我们认为，首先是，从方法论的角度看，动静结合、宏微结合是可能的、必然的；其次，语言的结构和功能是同一事物的两面，是不可分割的，因此，语言学中的两大流派——形式主义和功能主义，并非是对立的，而是可以互补的；第三，句子、句群作为“型”(type)它们是语言的静态单位，作为“例”(token)，它们是语言的动态单位，这好像是个常识问题。

二 句群和人工智能

人工智能——计算机自然语言理解的模拟——研究与众多学科有联系，与语言学的关系尤其密切。

1997年，从事机器翻译研究40来年的专家刘涌泉先生发表了题为《机器翻译归根到底是个语言学问题》的论文[①]。该文指出："而今，机器翻译还不能令人满意（目前，一般系统的正确率只有80%左右），主要原因是语言研究不过关，拖了整个机器翻译的后腿。"这又一次证明，机器翻译技术的普遍使用，对语言研究提出了更多、更高的要求。许多语言学家也早已意识到这一点，他们说，语言研究如果不与机器翻译、人机对话这些人工智能开发项目结合，不能为它们服务，那就很难有什么美好的前景。可以说，90年代以来，语言研究要为自然语言处理提供充分的支持，已经成为大多数语言研究工作者的共识。

在计算机的应用已经进入人机对话研究的现阶段，自然语言处理中的许多难题，比如自动分词、歧义消除、介词用法和语义理解等等，都已经不是在句子范围内能够控制的了，这就要求研究大于句子的语言单位，研究篇章现象。我们在不少讨论中文信息处理的专论中，都可以听到这样的呼声，这里举例略作介绍。

① 见《语言文字应用》1997年第3期"语言与计算机"专栏。本节多处参考专栏中文章，特此致谢。

（一）句群与歧义消除处理

中文信息处理中常见的歧义现象，除了所有语言都存在的多义现象造成的同形歧义之外，还有自动分词处理中遇到的"骑墙"词。所谓"骑墙"词，是指在一个字串中，其中有一个字，它既可以和前面的字组合成词，也可以和后一个字组合成词。比如：

用例八：

(1)他只会诊断一般的疾病。

(2)请将军用毛毯盖在她身上。

（引自侯敏 孙建军《汉语自动分词中的歧义问题》）

用例八的(1)中有"会诊断"这个字串，如果采用正向切分，就有可能先误为"会诊/断"；而实际上应该是"会/诊断"。与"会诊断"类似的"骑墙"词在语言运用中较常见，比如，"男性化妆品"→＊"男性化/妆品"→"男性/化妆品"。不过，这种类型的字串采用逆向切分或借助句内上下文一般都可以消除。(2)的"将军用毛毯"这个字串，无论采用正向还是逆向切分，都可以有两种："将军/用毛毯"和"将/军用毛毯"。这种类型的字串在语言运用中虽不多见，但是，它的出现却造成整个句子的歧义，而句子歧义多数是只有在特定语境中或大于句子的语言单位——句群或篇章中才能消除的。

机器翻译中，关于自然语言的歧义消除方法研究已经有很大的进展。目前，普遍采用的是基于"制约"(constraint)的歧义消除法和基于"优选"(preference)的歧义消除法。这两种方法都是利用句法、语义的条件，或排除不能满足条件的结构，或选择搭配优先度高的结构，从而达到消除歧义。但是，在机器翻译中，这两种方法都还限于一个句子内的处理；遇到句子歧义，或介词用法、连词管界需超越句子才能确定时，就难以发挥作用了。近来，国外有位学者依据自然语言分析系统中信息的单调递增性，提出了“渐进的歧义消除法”(incremental disambiguation)，主张在信息不充分、条件不成熟时，不必匆忙地消除歧义，可以等到信息单调递增到能满足各种制约条件和优选条件的标准时，才进行歧义的消除。如果这种方法得到广泛采用，那么，单是一个个句子的翻译或处理就非突破不可了。我国有位学者指出：“翻译过程是一种分层次的转换过程，一篇文章的层次结构一般为：篇章→句段→句子→子句→短语→词→词素，层次越低，翻译的难度就越小。但语言的不同性决定了不能总在最低层次上进行翻译，而语言的模糊性和歧义性又迫使我们将低一层次的成分放到更高一级的层次上去考虑。”这段话让我们联想到，当计算机处理句子歧义时，我们就必须提供它句群、段落等大于句子的语言单位的信息，也就是必须提供给它根据特定的上下文语境分化歧义的基本信息，使它具备上下文相关分析和处理的能力。而这里的上下文语境，最理想的首选单位应当是句群。

(二)句群与对话现象处理

自然语言表达中的会话，比起独白来说，省略、重复、指代、倒装、追加以及利用相关性进行语义理解等现象更为普遍；有的语言信息处理工作者把这些现象叫做“对话现象”。在语言信息处理中，人们发现，“对话现象”对于具有智能的人来说还是比较容易掌握，因而并不影响理解的速度；但是，对于计算机来说要准确掌握就十分困难了。而计算机能否具有处理“对话现象”的高度能力，却是人机对话最后实现的必要条件之一。

在自然语言会话中，省略、重复、指代、倒装、追加的运用，都是以一定的适切条件为前提的。这些适切条件或者是语言的上下文，或者是语言运用时的主客观环境因素，或者是特定的非语言表达手段，等等。参与会话的双方就是借助这些适切条件来掌握和理解对话中出现的这些现象的。要使计算机也具有这种能力，语言学家在收集、分析、归纳、总结这些“对话现象”的同时，也必须描写和解释它们运用钓适切条件，并且加以规则化，以方便计算机专家建立计算机算法，教会计算机掌握和理解。应该说，“对话现象”的适切条件涉及的范围有多广？应该怎样描写、解释它们并形成规则？还不很清楚。但是，头一项应该做的重要工作，那就是进一步深入开展以句群为切入点的话语分析研究。这可以说是当务之急。

还有，在自然语言会话中，人们常会利用相关性进行语义理解，这是更为复杂的“对话现象”。相关性包括语言内的和语言外的两种。语言内的相关性指上下文的相关性，即一个语言结构单位的句法、语义的确定，与它出现的上下文中另一语言结构单位的现实句法、语义特征有关。这种相关性是语言理解的重要依据，现代语言学的各个分支，特别是语法学、语义学都给过充分的注意。不过，以往的研究，把“上下文”限制在句子以内，因此，一般只适应于简单的或常规的相关性现象处理，远不能适应人工智能开发的需要。不少机器翻译工作者认为，自然语言处理中的重点、难点之一，就是如何依据自然语言的上下文相关性来准确处理语言信息，并且提出了不仅应当总结词、短语而且应当总结句子、篇章的上下文相关性。这说明语言内相关性的研究扩大到句子以上的语言单位势在必行，这既是人际语言理解的需要，也是人机对话研究的需要。

至于语言外的相关性，那更是一个无所不包的大概念，其中，会话参与者的主观能动作用是一个重要的方面。比如，在自然语言会话中，特别是日常的即兴对话，由于话题随意或转换较快，这就有可能出现这样的现象：毗邻的话轮看似缺乏连贯，然而并不影响理解和会话的继续。这是因为会话参与者自觉不自觉地利用了语言外的相关性。廖秋忠曾就语言的相关性问题分析过一个用例，转引于下：

用例八：

甲：现在几点钟了？

乙：(1)四点半。

(2)对不起，没带表。

(3)不知道。

(4)不告诉你。

(5)你难道不知道吗？

(6)问这个干什么？

(7)什么？

(8)老张有表。

(9)啊！我得马上回家。

(10)今天天气不错。

（引自廖秋忠《篇章与语用和句法研究》）

廖秋忠认为，在乙的各种可能的回答里，(1)至(8)中的任何一种回答都与甲的问话连贯，而(9)和(10)的回答则不连贯。但是，由于相关性的作用，不管乙的回答是哪一句话，甲都是能够理解的。

为什么会是这样呢？这是因为人们通常把会话看作一种社会行为，因此，根据一般的社会行为准则，人们期望问话之后是回答，不管这个回答是正面的、反面的，或者中性的，只要与问话相关。在乙的回答中，(1)是针对疑问焦点的正面回答，与甲的问话相关性最强；这是受上下文制约的相关性。(2)至(8)是针对甲(问话人)的预设的回答，这种相关性来自语义蕴涵、言语交际合作原则或者一般社会准则。比如，回答(2)是对(1)的语义蕴涵的否定，因为指明确定的时间需要有“表”；也可以是否定甲依据遵守会话合作原则所作的预设——相信乙知道所询问的信息。回答(3)也是对甲相信乙知道所询问的信息的否定。回答(4)是否定甲依据遵守会话合作原则所作的预设——相信乙理解自己有必要知道所询问的信息，并愿意提供自己这个信息。回答(5)、(6)都是对甲遵守一般社会准则所作的预设——真心想知道所询问的信息——的否定或者怀疑。回答(7)是对会话参与者应该能听清对方的话语这一预设的否定。回答(8)与(1)相同，同时又是对(4)所依据的预设的肯定，但是采用了非正面回答的形式。回答(9)和(10)与甲的问话之间从表面看，没有任何连贯性，无法建立它们的宏观结构(句群或者话对)，但是，如果引进语用预设或者依据违背会话合作原则时所作的会话含义推导，那么，它们之间也可以有连贯性，从而也有组合成为句群或者话对的可能。比如，回答(9)是对甲乙事先的约定——乙需要在某一特定时间回家，他请甲到时候提醒一下——的理解和反馈；在这样的语用预设中，甲的问话所传递的实在信息是暗示乙“时间到了”，而不是询问时间，更没有真心想知道所询问的信息，这对于其它人来说是违背了会话合作原则，但是，对于乙来说却是遵守会话合作原则的，因为通过语用预设他是能够理解的。回答(10)也违背了会话合作原则，因为，针对询问提供必要的信息是会话合作原则中“量”的准则的一般要求；乙没有遵守，而是“顾左右而言他”，这样甲也会尽量引进语用预设或者进行会话含义的推导，寻求它与甲的问话之间可能有的相关性，以建立话语的连贯。

从用例八的分析中可以看到，会话的相关性与话语的有目的性和可接受性有关。所谓话语的有目的性是指说话人想使自己的话语在形式上和意义上有连贯；因此，只有在发现自己的话语不连贯而又没有语用预设或者其它共享知识可以帮助形成连贯时，他才会采用语言的上下文形式加以弥补，而通常情况下则希望最大限量地依靠激活听话人的潜在知识来适应自己。所谓话语的可接受性是指听话人一般都认为话语是具有连贯性的，因此，即使遇到不连贯的话语，也会容忍，也会认为它是连贯的，并且乐意接受说话人的目的性，尽量按说话人的目的来理解。可见，分析由语言外因素产生的会话相关性需要方方面面的知识，而不限于语言学。但是，由于参与会话的双方一旦发现话语不连贯而又缺乏或无从取得语言外关联性的补偿时，他们一般会采用或者要求语言内的补偿，这种情况下运用的语言形式通常都是大于句子的单位。因此，我们认为，在目前关于会话相关性研究还比较难以全面展开的情况下,从掌握句群理论的知识入手,应该会有一个好的开始。如果还能把所得应用于计算机的"对话现象"处理,那就更加难能可贵了。

三　句群和功能学派

现代语言学的各种分支,从总的研究方向看,可以划分为两大流派:形式主义语言学和功能主义语言学。这两大流派都把解释语言现象作为共同的追求目标;不过,形式主义学派提倡主要从语言结构的内部去寻找解释,而功能主义学派则提倡主要从语言结构的外部去寻找解释。从理论上说,这两种研究方向不是相互排斥的,因为在语言事实中,形式和功能是不可分割的,是互补的。所以,在经过了一段时间的对峙与论争之后,许多学者都主张现代语言学的科学化和持续发展应当包括这两种研究观点,而善于把二者结合在一起的学派,必然会有更大的成功。有的学者就认为,国外以 Halliday 为代表的系统功能学派和话语语言学,在看待两种研究观点上就比较客观。新近出版的《汉语功能语法研究》(1996 年,江西教育出版社)的作者张伯江和方梅则指出:"'他们的研究之间的互补性'更应引起我们的重视"。

早年,功能学派主要指布拉格学派,近 30 年,除了较多地借鉴、继承布拉格学派的功能观点、先后以 Firth 和 Halliday 为代表的伦敦学派之外,许多学者都声称自己的研究成果属于功能语言学的范围。"功能"的含义扩大了,举凡以研究语言在人类生活中所发挥的作用为目标的都可纳入功能研究。功能学派内部也因研究目的、内容或方法的不尽相同而派中有派。有学者曾把功能学派内部大致划分为三：一是结构功能主义，这一派主要根据某一语法单位在其所属的整体或局部的语法系统里的组合与聚合功能来寻求对其功能的理解，这派所说的“功能”主要指语言单位在更大的单位中的活动能力；二是语用功能主义，这一派以理解句法单位的多种功能并借此解释它在不同的篇章/话语层面上的不同意义和用法为目标，因此，他们不仅要研究语言系统内部的组合和聚合功能，还要引进语言外部的“语境”来研究语言单位在交际活动中所发挥的功能，这派所说的“功能”主要指交际活动中语言传递信息的功能（或称“交际功能”），包括三种“元功能”(metafunction)：由经验功能(experiential function)与逻辑功能(logical function)共同组成的达意功能(ideational function)，人际功能(interpersonal function)和组篇功能(textual function)①；三是认知功能主义，这一派试图找到作为某一特定语言的语义结构，同时也是其句法结构的基础的认知范畴，这派所说的“功能”是包括语言的交际功能和认知功能在内的。就当前情况看，句群研究或话语分析与结构功能主义、语用功能主义之间的相互影响、相互促进更为明显一些。

（一）句群与句子实际切分

本世纪初，结构主义语言学的“二分法”理论盛行。美国描写语言学派提出的“直接成分分析法（简称 IC 分析法）”在研究和教学中普遍运用。IC 分析法有很多优点，但也有一些

---

① 见胡壮麟主编《语言系统和功能》，北京大学出版社，1990 年，第 47 页。本节多处参考该书中有关论文，特此致谢。

不足。其中之一就是忽略了句子的不同交际作用会产生不同的切分。这是什么意思呢？其一是说，结构成分相同的一个句子，由于不同的上下文，可以传递不同的信息，产生不同的交际作用。

用例九：

(1)甲：谁读报？　　　　乙：**我**读报。

(2)甲：你读报吗？　　　乙：我**读报**。

上述两个话对中，答句都是“我读报”，结构成分完全相同，但是，所传递的信息不同。(1)的答句传递的新信息是指明行为者：“我”，(2)的答句传递的新信息是肯定所询问的行为：“读报”。

其二是说，对于像用例九中这样在不同上下文中出现的句子“我读报”，IC 分析法只有一种切分，都切分为：

我|读报

但是，如果考虑到句子的交际作用，出现环境，那么，实际切分就应当有所不同。

用例十：

(1)甲：谁读报？　　　　乙：我|(读报)。

(2)甲：你读什么？　　　乙：(我)(读)|报。

(3)甲：你读报吗？　　　乙：(我)|读报。

在(1)中，新信息是“我”；在(2)中，新信息是“报”；在(3)中，新信息是“读报”。而旧信息或已知信息在对话中通常可以省略，因此我们用加括号表示它们在答句中是可出现可不出现的。

上述情况说明，一个句子的实际切分决定于实际目的和信息传递情况，因此，要理解一个句子的功能，不仅要分析它的结构成分，还要考虑它在一定上下文中的实际作用，看它传递了什么新信息。像用例十那样从句子的交际作用出发来切分句子的做法，国外语言学界管它叫做“句子的实际切分”，或“句子的实义切分”。句子的实际切分是一种功能切分，它的对象是运用中的句子；因此，可以说是话语分析的先声，句群研究的兴起和受到普遍关注，是与它密切相关的，我们曾在《句群研究兴起的原因》一文中把它列为原因之一。

句子实际切分的理论最早由捷克语言学家威廉·马泰鸠斯(Vilem Mathesius 1882—1945)创立。这一理论主张从功能观点出发，揭示句子在一定的上下文或语言环境中的具体意思和交际作用，据以把句子切分为“叙述的出发点”——主题和“叙述的核心”——述题两个部分。主题表示在一定的上下文或语言环境中已知的内容，或至少是显而易见的、可以从使用语言的环境中推测出来的信息；述题是对叙述的出发点所作的说明，是说话人为了达到某种交际目的而叙述的新内容，或新信息。句子实际切分的操作框架，首先涉及的必然是连贯话语，最小的连贯话语起码也应当是句子群——句群；马泰鸠斯曾经指出：对连贯话语进行实际切分，最能显示叙述的出发点和叙述的核心之间的关系。正是从寻求和建构句子实际切分的框架开始，一门以连贯话语为研究对象的话语语言学悄悄兴起，并且在80年代以后发展成为现代语言学中最能体现语言研究正确方向的热门分支之一。

而作为一种研究句子的交际结构、交际功能及其构成规律的理论，句子实际切分可以说也是结构功能主义学派、语用功能主义学派的滥觞。我们发现：功能学派的所有分支，无论各自在研究目标、研究范围或研究方法上有什么不同，却都有一点具有方法论意义的认识是共同的。这就是都看到了语言单位传递的信息内容、信息量会随着使用环境——语言内的上下文和语言外的各种因素——不同而发生变化，也就是说，当某个语言单位被包含在一个更大的具体的使用环境之中时，它所传递的信息通常会发生变化；所以，语言单位能传递的信息，语言单位在交际中能发挥的作用是“变数”，要求得它的真“值”，就必须到使用它的环境中去。正是居于这种认识，结构功能主义学派把自己的研究对象延伸到大于句子的语言单位，主要是句群和段落上；语用功能主义学派除了考虑语言语境之外，还考虑语言外的语境以及各种交际行为模式的制约等等；认知功能主义学派考虑的范围可以说是无穷大，其中最重要的是人类对客观世界的认知图式。

（二）句群和语言功能解释

尽管功能学派的各分支对“更大的具体的使用环境”所包含的范围理解不一，但是，从前面的介绍中，似乎可以发现三派用以分析和解释语言功能的范围有一种由小到大的层级关系：结构功能主义学派＜语用功能主义学派＜认知功能主义学派。这就可以解释为什么在三派学者的研究论著中，经常用来分析和解释句子功能的框架是句群或段落这样的话语单位。首先，对于句子来说，这是必不可少的出现环境，可以说，在语言交际中，还很难找到只用一个句子就实现一次交际的用例。其次，某一句子之所以能出现、之所以具有这样那样的交际功能，其语言之外的解释因素，如果交际需要，都是可以用大于这个句子的语言上下文表达出来的。这正是语言结构在语言研究中具有双重身份的体现;所谓双重身份,是指语言结构既可以是被研究的本体,又可以充当用于研究的工具。第三,可以作为句子功能分析的框架显然不限于句群或段落这些语言的上下文,这也正是目前所有功能学派的语言学者在进入研究之前首先要解决的迫切问题。但是,句群或段落以及与之相当的主题串等作为句子功能分析和解释的框架,却是最早被大多数学者注意到的语言单位,并且实践也证明了它的价值。比如,本世纪 40 年代,马泰鸠斯曾经成功地运用连贯话语的框架和句子实际切分的理论探讨了词序问题和解释了句子结构的交际功能;在我国,90 年代问世的一些实践功能解释观点的论著,也很重视运用这一分析框架。因此,我们建议:不妨一边继续在运用中完善它,一边着手寻求和建立其它新的分析框架。

实际上,不少语言功能分析和功能解释的范例,是成功运用句群理论的结果。比如,在讨论对话体中句子主位的易位现象时,张伯江和方梅的《汉语功能语法研究》第五章《对话体的主位形式:易位现象分析》的第四节《易位现象与问答方式》,不仅所用实例都是问答句群,而且所设置的分析框架也是。两位作者观察到:在最简单的问答句里,至少有三种不同信息结构方式的句子:(1)主位在前,述位在后;(2)述位在前,主位在后;(3)省略主位,只有述位。于是,首先,他们以一个最简单的句子为例,看看这三种句式作为问句和答句的情况:

问:你干嘛去了?	问:(1)你干嘛去了?
答:(1)我买菜去了。	(2)干嘛去了你?

(2)买菜去了我。　　　　　(3)干嘛去了。

(3)买菜去了。　　　　　　答:(我)买菜去了。

其次,两位作者把作为问句的三种情况和作为答问的三种情况两两组合起来,一共得到九种理论上可能的问答句群。把这些可能的句群摆到实际对话中观察,他们发现这些句群出现的频率很不均衡,这说明信息结构不同的句式具有不同的性质,它们之间不是可以任意组合的。那么,它们的组合会受到哪些制约呢?在分析大量问答句群的基础上,两位作者认为:答句受问句的制约;这些制约有形式上的,即(1)、(2)、(3)代表了三种不同的句式,也有功能上的,即三种句式反映了不同的信息处理方式。

第三,两位作者又进一步分别从形式和功能两个方面,具体解释了某些组合可否出现的制约因素。比如,问(1)答(1)、问(2)答(2)和问(3)答(3)的组合,虽然听起来不很自然;但是,从形式上看,还是可以理解的,这是由于篇章因素的制约,即廖秋忠(1991)曾指出的:答句句式受问句句式的影响,采取跟问句相同的句式。又如,问(2)答(1)、问(3)答(1)和问(3)答(2)的组合,一般说是不该出现或不太合理的。因为,从功能上看,(2)至(3)都是对(1)里的主位成分作了不同程度的处理:(2)是主位弱化,(3)是主位删除;这样处理之后,相对于(1)来说,(2)至(3)中旧信息或通过易位弱化了,或通过删除减少了。国内外不少功能解释学者和话语分析工作者,他们在研究问答形式的话对(最小的句群)中发现:从信息传递效果出发,答句对问句中的信息可以完全保留,也可以适当删略,一般是删略旧的、已知的信息,而新信息则不能删略;由此可以推论,答句的要素是新信息,答句对问句中的旧信息可以全部保留,也可以少于,却不可以超出。所以,在九种理论上可能的问答句群中,问(1)答(2)、问(1)答(3)和问(2)答(3)的组合是使用频率最高或较高的;句式(3)作为答句出现的频率最高;句式(2)作为问句的用例远远超过作为答句的用例;而问(2)答(1)、问(3)答(1)和问(3)答(2)的组合,恰好违背了这一功能制约,因而在实际交际中一般是难以出现的。

第四,最后,两位作者在上述理论研究的基础上,从易位句式(2)着眼,重点描写了以(2)为答句和以(2)为问句的四种问答句群,得到的结果是:问(2)答(3)的组合占四种问答句群用例总量的三分之一强。对描写所得的结果,两位作者的解释是:这种组合是最符合人们的心理习惯的一种形式,也是最清楚地突出新信息、突出焦点的合理形式。

采用句群或段落作分析框架来对句子进行功能分析和功能解释的成功例证很多,这里就不再举例了。

第六章　句群研究的现状

本书的前五章，除了介绍句群的理论知识及其运用之外，也探讨了句群在相关学科中的地位和作用，并就视野所及列举了一些相关学科或课题研究中涉及句群这一单位的实例。后者其实也是近些年句群研究和应用的重要方面和成果之一，而且，更富有多学科合作开辟新路的宽广前景，这里不再重复。本章主要介绍句群本体研究方面的现状。

第一节　汉语句群研究的回顾与前瞻

自 80 年代语法学界、语文教育界兴起“句群热”以来，在将近 20 年的时间里，句群这一课题受到众多学者和广大教师的青睐，不仅在语文教学中得到普遍重视和实际运用，而且发表和出版了相当数量的论著。就我们掌握的资料看，可以说，与句群有关的方方面面，大都或深或浅、或一致或分歧地摆了出来。因此，在即将到来的新世纪里，句群的研究和应用要有所进展、有所突破，就必须总结过去、了解现状、以便拓宽思路、深入发掘，解决难点、开辟新地。

一　汉语句群研究的回顾

回顾百年语法学史，涉及句群研究的情况，可以分为前期和后期，时间不妨以1981年“全国语法和语法教学会议”召开为界。

（一）汉语句群的前期研究

前期研究主要指本世纪20—70年代，语法学者们以加强语法教学的实用性为目的，从句法延伸到章法的研究。这期间没有专著，专论也不多；关于句群的探讨，大多是附属在语法专著或教材中。

1924年出版的黎锦熙《新著国语文法》已经涉及句群分析、句群图解，尽管还没有提出“句群”这个术语。该书第十九章“段落篇章和修辞法举例”，采用大规模的图解法，图解大于句子的语言片断，以《低能儿》的两段为例开创了从语法角度分析段落篇章的先例。有关图解既分析句子成分，也分析句子与句子之间的联系。这是我国语法学中难能可贵的传统之一。在稍后的语法专著或教材中，类似的做法也随处可见。

1942年出版的吕叔湘《中国文法要略》，该书下卷“表达论”列举的用例，也有不限于一个句子的单位。这说明要对句子进行准确的语义分析，有时候就需要把句子放在大于它的上下文中考虑。1979年，在《汉语语法分析问题》中，吕先生则明确提出“若干句子组成一个段落，句子和句子之间不仅有意义上的联系，也常常有形式上的联系”，并且主张从功能上给句子分类。后者则为句群研究的兴起作了理论的铺垫。

1943年出版的王力《中国现代语法》，该书第六章“欧化的语法”第四十三节“句子的延长”，在把《红楼梦》一类的书和现代欧化文章的语言运用进行对比之后，有一段文字说：“有许多地方，在《红楼梦》里是散漫的几个句子的形式，若照欧化的造句法，还可以使它们更紧凑一些”。所举的用例，有的是句群形式，比如，将两个句子改换为一个欧化的长句子。在该章的第四十六节“新替代法和新称数法”中，不少地方采用在句群的语言框架中讲解代词的用法，从上下文的照应关系中揭示代词的替代作用。可见，前辈们已经注意到句群是分析词法、句法现象的重要语境之一。

1946 年出版的廖庶谦《口语文法》(上海读书出版社)明确指出，每一个句子是要在它上下文的联系当中，才能确定它的重点的。该书写道：“我们若不是从段落篇章上来研究句子，那我们怎么能够更加具体的认识一个句子的各种作用和它的整个组织呢?”“因此，今后的文法研究，不单只要研究‘词类’，研究‘短语’，研究‘句子’；而且还要研究‘段落’，研究‘篇章’。并且不单只要把‘词类’、‘短语’、‘句子’、‘段落’和‘篇章’分别的拿来研究；而且，还要把这些‘词类’、‘短语’等等联系的拿来研究”。“并且还要补充‘句本位文法’的最大缺点：从‘篇章’上来研究‘段落’，从‘段落’里面来研究句子。换一句话说，我们要从总的联系上去认识个体。”这里所说的已十分接近当代语言学所提倡的方法论，即在包含有某一语言单位的更大的语言环境中去分析这一语言单位。《口语文法》设有专题讨论“篇章段落和句子的关系”，指出“每一个段落都要有一个重心；也就是说，要有一个中心思想。有了这个重心，或者中心思想以后，我们所配合上去的句子，就不得不围绕在那个重心上了”。

60 年代，有几本著作或谈到句子和句子的联系，或明确提出句群的概念。

1962年出版的张志公《汉语学习讲话》(上海教育出版社),在书末谈到"段——句子和句子的联系",指出"一段之中,句子和句子是紧密联系在一起的。特别是在汉语里,如前一讲提到的,常常把可以组织成一个复杂句子的密切相关的几层意思分成几个句子来说"。这实际上已经涉及复句和句群互相可以转换的问题。该书在分析"段"中的句子时,指出若干句子是一层,若干句子又是另一层;这已经触及了句群这一大于句子小于段落的单位,表明了段落并不都是直接由句子组成,也可以由句群组成。该书在划分"段"的层次时,很注意关联词语的运用和作用。后来,张志公主编的中央广播电视大学教材《现代汉语》,讨论表达问题以及选择用例和安排练习,都扩大到句群这一大于句子的语言单位。

1962年出版的黎锦熙和刘世儒合著《汉语语法教材》,该书的第三编"复式句和篇章结构"就明确提出了句群这一概念,并且给了定义;从而区分了复句、句群和段落这三个不同的概念。正是这部著作初步确立了句群作为一个独立的语言单位的地位,它在理论上有奠基之功。它给句群下的定义是:"所谓句群,就是意义上有联系,但句法上各自独立,相互之间已由隔离停顿和完整语调分隔开了的数个句子。""句群就是介乎复式句和段落之间的一种'语言单位'。"这个定义对后来讨论复句、句群和段落的界限问题,有极大的指导作用,不断有人引用。该书还比较详细地讨论了句群的构成方式,和句群的类型。在讨论构成方式时指出"构成句群的手段有二:1.靠关联词语的联络;2.靠各句间意义的向心作用。这都是和构成复式句的手段相同。"并分别把上述两种手段叫做"形式结合法"(包括句首用连词,及其它关联词语等)和"意合法"(包括平行关系、相反关系、接换关系)。在讨论句群的类型时认为句群只有等立关系的各复式句的结合形式,而不可能有主从关系的各复式句的结合形式,并据此把句群分为四大类:平行关系,包括并列、递进、选择式句群;相反关系,包括转折、让步式句群;接续关系,包括承接式句群;混合关系,几种关系参差杂出在一个句群中。

1963年刘世儒又出版了《现代汉语语法讲义》,该书关于句群有几个观点阐述得极为明确:1.就类型而言,句群内的关系和复句并没有什么两样,可以类推;2.段落是篇章结构中的单位,句群是句法中的单位;句群一经独立成段,就超出了句法的管区,从句法的观点讲,这就管不着了。

综观汉语句群的前期研究,我们认为黎锦熙和刘世儒两位先生在把句群纳入语法研究体系中这一点上起了开路先锋的作用。这可能因为他俩都十分熟悉基础语文教学,都十分注重语法的实际运用吧。

(二)汉语句群的后期研究

后期研究主要指:1981年新教学语法体系酝酿和制定以来,以语法学界和语文教学界的学者们、教师们为主的句群理论和应用研究。这个时期,时间比前期研究短得多,成果却比它多几倍,因而可以用"句群热"来比喻。

70年代末开始的改革开放新局面,也给教育界、学术界带来了思想活跃、学术繁荣的氛围。句群研究正是在这样的背景下拉开了序幕。

1980年,在青岛召开的"'现代汉语'教材审稿会"上,张寿康提出增加“语段”(即“句群”)的建议。当年9月号《中学语文教学》杂志组织开展了关于句群的讨论,发表的文章有张拱贵《多重复句和句群》。随后又有李守田和佟士凡《试谈现代汉语语段》(1980,10),张成材《也谈句子的连贯,兼谈句群》(1980,11),吴启主《试论多重复句与句群的区别》(1981,2)等,田小琳也在《语文教学与研究》(1981,1)杂志发表《关于大于句子的语言片断》。与此同时,其它杂志也纷纷发表有关文章。于是,正在引起关注和开展研讨的话题,自然就带入了1981年7月在哈尔滨召开的“全国语法和语法教学讨论会”。

哈尔滨会议是本世纪语法学界空前绝后的盛会。本世纪语法学界的泰斗王力、吕叔湘自始至终亲临指导,包括一大批老中两代著名语法学家、中青年语法学术骨干在内的200多名代表从全国各地云集赴会,这足以说明人们对修订教学语法体系的重视和会议的权威性。会议在张志公担纲主持下,提出了《〈暂拟汉语教学语法系统〉修订说明和修订要点》,在“增补”部分增加了有关“语段”的内容,摘录如下:

> 在语文教学中,指导学生掌握由单句和复句组成的语段,是十分重要的。一个语段,也就是平常说的一段话,句与句之间,多数是意义上的联系,没有显著的语法关系。从严格的意义上来说,研究语段的构成以及语段中各句的安排、衔接等问题,多少超出了语法的范围,属于写作问题,或者属于修辞、逻辑问题。也有这样的情形,前句和后句之间不仅有意义上的联系,还有语法关系。从实用的角度考虑,把语法教学从句子延伸到语段

是可取的。这些在教学语法体系中可以有适当的反映。至于具体的讲述和训练，主要从教材和教学中体现出来。①

会议之后，人民教育出版社中学语文室在吕叔湘指导、张志公主持下，由田小琳、黄成稳、庄文中等参加具体工作，历时两年，在六次广泛征求意见及多次修改后，又经领导和顾问审定定稿，于 1984 年公布了《中学教学语法系统提要(试用)》。《提要》在概述部分，将语素、词、短语、句子、句群并列为由小到大的五级语言单位。在第七部分列出"句群"，对句群下的定义是："句群，也叫句组，或称语段，是前后衔接连贯的一组句子。一个句群有一个明晰的中心意思。"并对句群和段落、句群和复句作了比较。

《提要》的公布，把句群的教学与研究推向高潮，随后出现了红红火火的"句群热"。不少学者、教师专注于此，取得了数量可观的成果，这批成果反映在四个方面：

1.公开发表的专门探讨句群的论文

1980 年以来，发表在期刊和一些高等院校学报上，或收入论文集中的讨论句群的论文，数量在 200 篇以上。其中不包括研究篇章话语或段落时涉及句群的论文。1985 年田小琳编选《句群和句群教学论文集》时，从 1980—1985 五年间发表的论文中选了 56 篇有某一方面参考价值的收入。1986 年迄今的十来年里，与前五年比较，不少研究句群本体的论文在

① 全国语法和语法教学讨论会业务组编《教学语法论集——全国语法和语法教学讨论会论文汇编》，人民教育出版社，1982 年，第 46—47 页。

知识介绍的详尽、用例描写的细致、理论解释的准确方面分别都有很大的进展，此外，还出现了一些深入细致的个案研究成果，以及同一作者发表的系列论文；对句群与相关学科之间关系的研究也已开始。限于篇幅，这里不一一开列篇目，仅就这批论文讨论到的内容概括于下：(1)句群的定义，(2)句群的组合手段，(3)句群的结构分析，(4)句群的切分或判别标准，(5)句群的类型，(6)句群和复句的联系与区别，(7)句群和段落的联系与区别，(8)句群教学在语文教学中所起的作用，(9)句群研究兴起的原因，(10)句群研究的实用价值，(11)特定句群的下位分类及其作用描写，(12)句群常见病类型，(13)句群与修辞，(14)句群与逻辑，(15)句群与句子的功能分类，(16)句群中心句特征及其作用，等等。其中前八项是田小琳(1985)《近年来句群研究述评》①一文中就已提到的。

2.阐述《提要》的专著中关于句群的论述

1984年以来，出版了不少专门阐述《提要》的著作。这些著作关于句群的论述多数是从句群的定义，句群和复句、段落的区别，句群的类型，句群的组合方式这几方面作系统介绍的。下面列举部分著作，以出版时间为序：

叶苍岑主编的(1984)《中学语文教学通论》(北京教育出版社)，该书第九章语文基础知识教学部分，简介《提要》，提出句群教学应引起重视。文字虽不多，却是最早在教学法研究中讨论句群的。

---

① 田小琳(1985)《近年来句群研究述评》，收入田小琳编《句群和句群教学论文集》，新蕾出版社，1986年。

庄文中(1984)《中学教学语法新编》(江苏教育出版社),列专章讨论什么是句群、句群的组合和句群的使用。

张静、柴春华编(1985)《中学教学语法讲话》(河南教育出版社),收有柴春华的《句组和句组的类型》。

北京教育学院师范教研室编(1986)《语文基础知识问答》(北京出版社),以小学教师为对象,解答句群方面的知识问题,说明为什么要在小学进行句群训练。是最早在小学语文教学中引进句群知识的。

倪宝元、田小琳主编(1986)《中学教学语法基础》,列句群专章,系统描写复句、句群、段落的关系,句群的结构类型,句群的层次。

黄成稳(1986)《新教学语法系统阐要》,单列专章论述句群,以结构关系为标准把句群分为九类,强调句群在语言教学上的重要性。

北京市语言学会编(1987)《教学语法系列讲座》(中国和平出版社),其中第十二章至第十五章由刘兰英执笔,系统讲授句群的构成,复句、句群、段落之间的关系,句群的结构类型,句群的运用、组织、研究、教学。

田小琳(1990)《语法和语法教学》(河南教育出版社、香港文化教育出版社),在对比《暂拟系统》和《提要》时,特别强调增补句群的重要意义:提高了语法在语文基础教育中的地位,符合精要、好懂、有用的原则。这部著作将《提要》引入香港的中小学语文教学。

高更生、王红旗等著(1996)《汉语教学语法研究》(语文出版社),句组(句群)列专章论述,篇幅达五六万字。首先讨论句组的性质，包括定义、界限、归属。同时评介研究概况和研究意义。在理论阐述中，注意比较各家观点的不同，明确提出自己的观点。对教学语法中句群的提出、研究和应用作了一个比较全面的小结，提供了丰富的研究资料。

3."现代汉语"教材或其它语言学著作关于句群的论述

句群作为最大的语言单位进入教学语法体系之后，地位明显提高了。句群研究的迫切性和重要性也引起了整个语言学界的关注，这从下述挂一漏万列举的一些著作中可以见到。

朱一之、王正刚选编(1987)《现代汉语语法研究的现状与回顾》(语文出版社)，该书收有王震国《现代汉语句组判别标准的研究动向》一文，认为句组的切分与判别(辨认)标准有关，而田小琳是"较早进行近似句组判别标准课题研究的"学者之一，她(1983)的《句组试析》[①]一文"为句组判别标准的研究打下了基础"。王文还提到胡力文(1983)的《试谈文言句群的辨析》[②]一文，并加以评介。《动向》一文肯定了判别标准研究的重要意义。

龚千炎(1987)《中国语法学史稿》(语文出版社)，认为《提要》较之过去作了重要修改的地方是确立了"语素—词—短语—句子—句群"这样五级语言单位的层次。

陆俭明(1993)《八十年代中国语法研究》(商务印书馆)，开篇《80年代现代汉语语法研究概貌》提出学者们重点关注的十二个课题，"句群"是第十个。该文肯定了句群是语法研

① 田小琳《句组试析》，《语文研究》1983年第3期。

② 胡力文《试谈文言句群的辨析》，《中学语文教学》1983年7月号。

究的重要课题，可以从语法、语用角度进行研究，这对于句群研究的深入开展是很有启迪的。

王维贤、卢曼云（1981）《现代汉语语法》（浙江人民出版社），在复句一章列“句群和段落”，明确提出句群这一概念，并把语法研究从复句延伸到句群和段落。

张志公主编（1982）中央广播电视大学教材《现代汉语》中册（人民教育出版社），列出语素、词、短语、句子、句组五级语言单位；给句组下的定义是：“一组有明晰的中心意思的，前后衔接连贯的句子，组成一个句组，也称句群或语段。”1984 年公布的《提要》基本上采用了这个说法。后来的修订本（1985），关于句群的论述则更为详尽集中，列专章讨论句群的构成、总分句群和解证句群、句群和多重复句、句群和段，特别强调总分句群和解证句群是常用类型。

程祥徽、田小琳（1989）《现代汉语》（三联〈香港〉书店，1993 年台湾书林出版社再版），该书举大量语言事实列专章分析句群。

邢福义（1991）主编《现代汉语》（高等教育出版社），为高等师范教学用书。该书将句群列入“篇章语法”一章，认为“篇章又叫语篇，即成篇的话语，连贯的话语，它由一系列语义上连贯、结构上衔接的句子所组成。”“篇章有大有小，有繁有简，最小、最简的篇章莫过于由两个连贯、衔接的句子所组成的简单句群。”因而，“简单句群是语篇的最小形式”。

黄伯荣主编（1991）《现代汉语》（青岛出版社），为高等教育自学函授教材。语法部分里，作为语法单位没有列句群，但是，在复句后单列一节讲句群，分析句群的特点、区分句群和复句、列出句群的种类、提出句群运用中常见的错误。

吴为章(1993)《实用语法修辞》(北京广播学院出版社),为广播电视电影系统函授教材。该书语法部分列专章讨论什么是句群,句群的分类,句群的切分和句群的运用。把句群知识引入播音稿件分析和有稿播音的语言运用是该书的独特之处。

邢福义(1996)《汉语语法学》(东北师范大学出版社),该书对句群的某些问题作了深入考察,比如"特定句群的个案考察",以选择句群为例列举大量语料分析结构特点、语用特点,很有新意和富于启迪。

4.专门论述句群的著作

就我们视野所及的有:郝长留(1983)《语段知识》(北京出版社),曹政(1984)《句群初探》(浙江教育出版社),吴为章、田小琳(1984)《句群》(上海教育出版社),高更生(1986)《句组分析》(湖北教育出版社),田小琳(1986)《句群和句群教学论文集》(新蕾出版社),沈开木(1987)《句段分析〈超句体的探索〉》(语文出版社),吴为章(1988)《句群与表达》(中国物资出版社),庄文中(1990)《句群》(人民教育出版社),张拱贵、沈春生(1991)《句群与句群教学》(宁夏人民出版社)等;这类著作不包括讨论段落、篇章或话语的专著,尽管它们在分析用例时有相当篇幅涉及的是句群。下面举例分析评介几种,以出版时间为序:

曹政《句群初探》,该书分类细致,用例丰富。比如,先将句群中句子之间的关系分为十七类,再归纳为四大类:纵接类,包括承接、递进、呼告、感叹、转折、回溯;横列类,包括并列、比较、选择、取舍；合说类，包括说明、分合、点面、问答；因果类，包括因果、假设、条件。在讲段落中句群和句群的组合时，又把句群和句群之间的关系分为十类。全书在明确了句群的概念，进行了句群的构成方式、层次划分、具体分类之后，把句群划归篇章，而不是语法，更不是语法—篇章之间，这一观点有一定的代表性。

吴为章、田小琳《句群》，为50年代出版、80年代再版的《汉语知识讲话》丛书的一种，是作为新增的两个课题之一收入的。该书从语法角度分析句群，开宗明义提出句群是最大的语言单位，并运用五种辨认方法（或叫做“判别标准”）切分句群。这五种方法是：关联词语、某种有特点的句式、中心句、文体的结构特点、句群和复句的变换。该书以语法结构关系为标准分句群为十一类，在名称上也类比复句。这本书的观点也很有代表性。

高更生《句组分析》，认定句组（句群）主要不是逻辑的单位，也不是写作单位、修辞单位，而是语法的单位；但是，可以从不同角度分析它。该书正是从语法、逻辑、写作、修辞等不同角度给句组分类，同时在进行具体分析时，又强调句组大多是语法、逻辑、写作、修辞的综合统一体。在本小节开头列举的著作中，从逻辑角度对句组进行描写，这本书可以说是最完备的。

吴为章《句群与表达》，该书认为句群是语法单位，可以从结构关系上分类；句群是在语言运用中具有特殊重要地位的表达单位，应该重视它的功能类别研究。在讨论句群的组织时，引进了话语语言学的重要术语“接应”(cohesion)一词，把句群内部句子与句子之间的衔接叫做"内部接应",段落内部句群与句群,或句群与句子之间的衔接叫做"外部接应";该书对句群"内部接应"手段的探究细致而有新意。此外,还用相当篇幅讨论了口语句群的特点和语体对句群运用的制约作用,拓宽了句群研究的领域。

二　汉语句群研究的前瞻

田小琳(1985)《近年来句群研究述评》一文,在概括评介句群研究涉及的八个方面之后,接着提出了三个有待继续讨论的问题:

1. 关于句群被列为一级语言单位的问题。涉及的是句群的归属问题。

2. 需要从语法角度深入研究句群的若干问题。涉及的是如果承认句群是一级语言单位,首先就必须从语法角度把它研究透彻,必须描写、解释它和其他语言单位的异同。

3. 重视句群教学对于汉语教学的实用价值。涉及的是设计句群教学方案并在实践中及时进行理论总结,以推动句群的理论研究。

吴为章(1988)《句群研究兴起的原因》[①]和(1989)《汉语句群研究的价值》[②]两篇论文,都不限于从语法学、语文教学方面深入探究,因此,在一定程度上反映了 80 年代中期以来句群理论成果在语法学、语文学之外的其他语言学分支,以及

① 吴为章《句群研究兴起的原因》,《汉语学习》1988 年第 3 期。

② 吴为章(1989)《汉语句群研究的价值》,中国语言学会第五届学术年会论文,收入《中国语言学报》第六期,商务印书馆,1995 年。

与语言密切相关的其它学科(如人工智能研究、思维科学等)中的研究和应用情况。

我们认为:句群的功用、句群的价值还远没有见底。下面谈一些不成熟的想法,不敢说是预测,算是一种期待吧!

(一)语言学范围内句群研究的深入和拓宽

从回顾中我们可以感到,将近 80 年的汉语句群研究,前期的少数语法学家自发分散苦心经营的"冷"和后期的从上到下方方面面重视、数以百计的人力投入的"热"形成鲜明对比。而后期的"热",从研究内容看,1985 年以前集中讨论时涉及的八个主要方面,在后来的十几年里或继续深入,或投入应用,也都各有程度不同的进展;后出现的八个新论题,尽管有的论题作者不多,但是,它们的提出,却表明了句群研究的深入和拓宽。如果说,1985 年以前的讨论主要还是在语法学、章法学的层面,那么,其后的讨论,除了在这两个层面继续深入之外,还在修辞学、语义学、逻辑学以及其它重要方面也有所开拓。前一方面,比如吴为章(1989)《解证句群的类型和作用》①、邢福义(1993)《选择问的句群形式》②等所做的细致的个案研究,金锡谟(1992)《句组语病杂谈》(一至四连载)③系统讨论句群常见病,黎泽渝(1988)《从句群说到语法的综合性教学》④、王玉玺(1993 年)《关于复句、语段及篇章结构的整体

① 吴为章《解证句群的类型和作用》,《学语文》1989 年第 6 期。

② 邢福义《选择问的句群形式》,《汉语学习》1993 年第 6 期。

③ 金锡谟《句组语病杂谈》(一至四),《新闻与写作》1992 年第 6、8、9、10 期连载。

④ 黎泽渝《从句群说到语法的综合性教学》,《安徽师大学报》1988 年第 1 期。

化教学之初探》[①]等所进行的句群综合教学研究，还有刘兰英(1989)《句群中成对关联词语的使用》[②]、陈亚丽(1990)《略论政论文语段的切分》[③]等就组合和切分的某一问题进行的专门探讨。后一方面，比如，张炎荪(1989)《句群消极修辞简论》[④]、田小琳(1995)《句群的修辞》[⑤]、缪小春(1994)《句子和语段理解中代词加工的研究》[⑥]、王聿恩(1994)《句群的呼应》[⑦]唐棣(1990)《试谈句群中心与思维顺序》[⑧]以及吴为章关于句群研究兴起的原因和句群研究的实用价值的探讨。这一切都说明，表面平静的句群研究实际上正酝酿着又一个高潮。

有一点可以肯定，即由于近20年来有上百位学者和教师投入句群理论研究和教学实践，在这个领域积累了大量的典型语料和丰富的工作经验，因此，继起的研究一定会更加合乎语言实际、合乎汉语实际，而且涉及的范围也会更为广阔一些。我们认为在语料的收集方面，不仅要有书面的，还要有口头的，要尽可能照顾到各种文体、语体的特点，这样才能对句群有全面的认识。我们希望在握有充分语料的基础上，从事

---

① 王玉玺《关于复句、语段及篇章结构的整体化教学之初探》，《中学语文教学》1993年第12期。

② 刘兰英《句群中成对关联词语的使用》，《北京第二外国语学院学报》1989年第2期。

③ 陈亚丽《略论政论文语段的切分》，《北京师范学院学报》1990年第1期。

④ 张炎荪《句群消极修辞简论》，《扬州师院学报》1989年第4期。

⑤ 田小琳《句群的修辞》，收入《修辞学新探》论文集(香港)，1995年。

⑥ 缪小春《句子和语段理解中代词的加工研究》，《语言文字学》1994年第7期。

⑦ 王聿恩《句群的呼应》，《修辞学习》1994年第6期。

⑧ 唐棣《试谈句群中心与思维顺序》，《江西教育学院学报》1990年第4期。

实出发对一些不同看法，比如关于句群的归属问题，能不能类比复句对句群进行分类问题，意合手段和形式手段之间的关系问题等等，进行有说服力的讨论。我们更希望对一些已经提出的论题，比如特定句群的个案研究，口语句群与书面句群的异同，句群切分的依据，句群与修辞活动，句群与语义理解，句群的语用功能，文体、语体对句群运用的制约，句群热的原因，句群研究的实用价值，等等，能够投入更多的精力去研究。我们相信，在广泛借鉴国内外语言学新理论和十分关注国内外语言学新动向的基础上，一定.还会有不少新论题继续开发出来。

（二）语言、逻辑、写作教师的实践和总结

从回顾中我们看到，《提要》公布以来，在语言、逻辑、写作教学岗位上的广大教师已经作出了重大的贡献，可以说句群后期研究的大量成果是出自他们之手的。任何课题的提出、任何理论的诞生，都源于实践；因此，在句群教学第一线的广大教师，最有可能发现问题、提出问题，可以期望在经历了十来年的认真实践之后，一定会有新的应用成果、应用理论总结出来，从而丰富句群的研究。

就目前看，语言、逻辑、写作分别制订或总结本学科范围内的训练方案和经验的论著比较多，这是十分必要的、是教学出效果的基础；进一步，已经有学者提出多学科综合训练的问题，我们认为，这应当是从语文教学角度深入研究句群、扩大句群研究效益的一个重要方面。我们十分赞同高更生(1986)关于综合分析的观点，希望有更多的进行综合训练的实施方案及其理论总结的成果问世。

(三)相关学科对句群研究的支持和推动

我们把新兴的话语语言学、计算语言学、功能语言学、语境学、语用学等等放在这一小节中讨论,其实,它们也是语言学的分支。从本书的第五章和本节的回顾中,我们都能看到,句群研究的兴起和发展,与许多相关学科的兴起和发展息息相关。特别是话语语言学,它的研究对象是篇章,是大于句子的语言单位,而汉语句群谁都承认它是话语单位之一;因此,话语语言学的理论、方法、成果,都值得借鉴,而句群的研究成果也必然会促进和丰富话语语言学的研究。下一节专门介绍国外话语分析中的“超句”分析,正是想借“他山之石”。的确,在国外话语语言学中,找不到“句群”这个术语,但是,我们看到,无论是“语言链”,还是“超句统一体”,都包含有相当于句群的单位,而“话语语法”、“小话语”或“微观结构”、“局部连贯”等的研究范围和方法也与从语法学角度研究句群相当。至于国内引进话语语言学的一些学者,他们中也有承认句群是话语的单位、句群研究是话语研究的组成部分的;不过认为方法论上有所不同,句群研究采用的是传统语法学最多是结构主义语言学的分析方法,而话语研究采用的是现代语言学功能主义的或行为语言学的分析方法。我们认为,不管怎样,既然研究对象是相同的,就不可能没有相通之处,两种研究方法论也可以互补;因此,我们相信,会有殊途同归的一天,并且真诚希望携手合作、相互切磋。而对于句群研究来说,善于向相关学科,特别是近似课题取经,肯定获益匪浅。

计算语言学界已经有不少学者认为,语言信息处理上的一些难题,需要运用句群这样的单位来协助解决;并且,已经有学者在自己研究的课题中引进句群理论来解释。这是很令人鼓舞的！许多计算语言学界的朋友常常谈到，语言研究，特别是语法研究不过关，拖了人工智能开发的后腿。我们相信朋友们在吸收汉语研究成果的同时，一定也会对汉语研究提出更多的具体要求，而这必然会使我们不敢放慢前进的步伐。

第二节　国外话语分析中的"超句"研究

广泛关注"大于句子的语言单位"——或"超句"（相当于汉语"句群"）的研究，在国外，是话语语言学兴起之后。因此，要知道这一语言单位的研究状况，就必须了解一下话语语言学发展的简况。

关于话语语言学的兴起，奥地利维也纳大学教授 W. U. Dressler 认为，美国的结构主义语言学家 Z.S.Harris 是奠基人。但是，一般认为，第一个提出，"话语语言学"（Textlinguistik）这个术语的，是德国的语言学家 H. Weinrich，1967 年，他在《辩证句法》一文中开始使用这一术语。此后，话语语言学发展迅速，受到众多相关学科和众多专家学者的青睐。不过，由于人们对"话语"（discourse 或 text）的认识不同，因此，许多问题都还没有定论。比如，话语语言学与语法学、语义学、语用学的关系，话语语言学与功能语言学、社会语言学、行为语言学的关系，话语语言学自身的研究范围、研究目的、研究对象、研究方法，等等；都还见仁见智。不过，W. U. Dressler 编选的《话语语言学的当前趋势》（Current Trend in

Text Linguistics)，收有二十篇论文，描写分析了大于句子的语言单位；从中可以窥见话语语言学家们共同关注的一些问题。

应当说，话语语言学尚处在发展变动之中，很难对它作出全面的恰当的介绍。这里，仅就视野所及略说一二。

一　话语语言学研究现状简介

在现代语言学的各个分支学科中，话语语言学被承认下来，虽然是在60年代以后，但是，从它的发展势头看，前景十分看好。目前，它的研究者遍布世界各国，已经形成几个中心。

（一）德国的话语语言学

德国语言学家对话语分析有浓厚兴趣的很多，代表人物有：R. Harweg，H. Weinrich，J. S. Petöfi，P. Hartman，S. J. Schmidt，D.Wunderlich等。德国的话语语言学分为两派：

话语语法（text grammar）。这一派研究话语不限于句子，重点在句子和句子之间的接应；在具体分析上，十分注重句法特征的描写，认为分析“大于句子的语言单位”——“超句”的表层结构及其接应手段是话语语言学的中心任务。这一派的主要代表人物是P.Hartman和R.Harweg。

话语理论（text theory）。这一派认为不应该把话语语言学简单地理解为“句子间的关系”，而应该理解得更宽一些，包括整段话的上下文和情景的上下文。他们认为话语只有在实际的交际过程中才能获得意义，主张话语语言学的目标是描述人类交际的前提、条件和组织形式；在具体分析上，则十分注重语境的制约作用。他们提出：着重研究人们讲话时的“意向性”，说明“意向”是如何“落实”的，是话语语言学的中心任务。这一派的代表人物是 S.J.Schmidt 和 D.Wunderlich。

（二）苏联的话语语言学

本世纪 20 年代，关于话语的观念就已萌发，但是，话语作为语言学的研究对象诞生，一般认为是在 1948 年。那一年，发表了两篇被认为是奠基石的论文：H. C. Поспелов 的《复杂的句法整体及其主要结构特征》和 И.А.Фигуровский 的《从单个句子句法到话语句法》。从 1948 到 1975 年，根据 С.И.Гиндин 的统计，论述话语语言学方面的论著已达七百余篇/本。

语言学家们把“复杂的句法整体”（到了 60 年代中期，改称“超句统一体”Сверхфрзавое единство，简称“超句体”）作为研究对象，重点研究了句际关系类型和句际连接手段。他们之间有主张“小话语”（Микротекст）和“大话语”（Макротекст）之分。两派的主要区别在于：“复杂的句法整体”究竟包括哪些语言单位？是仅限于超句体（最多包括重合的段落和特殊的强调分段的语言单位），还是包括从段落到篇章（整篇文章甚至整部小说）？

（三）英国的话语语言学

英国对话语感兴趣的，主要有两类学者：伦敦功能学派的语言学家和从事英语教学或教学研究的语文工作者。

伦敦学派的代表人物，早期是 J. R. Firth，现在是 M. A. K. Halliday。1976 年，Halliday 和 R.Hasan 出版的《英语的接应》（Cohesion in English）一书，讨论了句子间的接应关系以及接应关系的类型，影响了许多英语国家，推动了英语话语分析的进程。Halliday(1985)[①],还提出话语分析的十个步骤,把话语的语法分析和语境描写、语体特征三者的研究结合在一起。伦敦学派在描写英语时,强调要从大的单位开始,依次往下分析;他们十分注意言语的和情景的上下文对语言运用的制约,重视语言功能的研究。伦敦学派的话语分析,与德国的"话语理论"相当,与修辞学、语用学、语境学、语体学的关系密切。

英国还有一些学者,也十分关注话语分析,他们有的从事现代英语用法的调查研究、编写英语教科书,比如R.Quirk等,在他们的成果中也探讨话语现象,并且特别看重句子与句子之间的接应。有的从事第二语言教学研究,比如汤姆·哈根,他认为"话语语言学强调语言内部的联系和语言与使用语言的各种情景之间的联系,都值得引起我们的注意"。有的从事写作教学,也对话语研究流露出深深的关切,特别是提倡"从段落到短文"的"模式段落"教学法的学者,在研究和推广他们提倡的教学法时,都触及了"大于句子的语言单位",并且探讨了它们的类型、功能和句子与句子之间的连接手段问题。

(四)其他国家的话语语言学

语言学界一般认为,德国、苏联和英国是话语语言学的三大中心。这可能是因为这些国家的话语分析研究开始得早,队伍比较强大,成果比较丰富。

---

① 陈平《〈话语分析手册〉(第二卷):〈话语的各个方面〉评述》,《国外语言学》1987年第2期。

80年代以来，重视话语分析、接纳“大于句子的语言单位”作为语言研究的对象，已经成为各国语言研究中的一个明显趋势。1980年《国外语言学》杂志第3期上，有文章指出：在美国，语言研究领域在扩大，表现之一就是把语言研究的对象扩大到话语(discourse)。有资料表明，不少美国的语言学家的研究范围已经大大超过传统语法或转换生成语法，比如，Pike和他的夫人Evelyn合作的《语法分析》一书，就把语法分析的单位从句子延伸到一整段话，一整个故事或一整首诗。美国有相当一些人从事汉语教学与研究，他们也很注意话语分析和句子之间的衔接照应，比如Timothy Light在《现代外语教学法——理论与实践》(1987)①一书中，就有专门探讨话语分析的章节；杨百翰大学亚洲研究室主任齐德立在关于汉语教学的《实用指导大纲》中，对组句成段的能力十分重视，主张词语教学、句型训练都应给出上下文。总的看来，美国学者更关心口头话语的研究，认为自然谈话是话语分析的主要内容，目前集中探讨的问题主要有三：怎样开始谈话？怎样结束谈话？以及话轮转换(turn-taking)问题。

日本的语言学家也有人注意到了话语分析问题，比如田中春美等著《语言学漫步》②一书，就讨论了什么是话语、如何接应的问题。

最值得提出的是荷兰语言学家T.A.Van Dijk。70年代以前，在话语语言学正在起步的时候，他发表论著探讨话语和

① 〔美〕Timothy Light(1987)《现代外语教学法——理论与实践》，北京语言学院出版社。

② 〔日〕田中春美等著《语言学漫步》，陕西人民出版社，1986年。

语境理论、语义学、语用学的关系，介绍“话语语法”和“话语理论”的基本观点。随后，他又约请世界各国的话语语言学家撰稿，于 1985 年编辑出版了《话语分析手册》，共四卷：《话语的各个学科领域》、《话语的各个方面》、《话语和对话》和《社会中的话语分析》①。《话语分析手册》总结了 70 年代以来话语研究的成果，反映了话语研究方方面面的问题，它的出版对于今后话语语言学的发展，无疑是会产生巨大作用的。在这部大型文集中，Van Dijk 的论文《话语的语义分析》讨论了话语的连贯问题，提出了一对指导话语语义分析的概念：“局部连贯”和“总体连贯”。

二 话语研究涉及的主要方面

世界各国的话语语言学家对连贯话语的兴趣是多方面的，研究的目的和切入点也各不相同。这里仅就大家都涉及的问题拣主要的罗列如下：

(一)关于话语的基本单位

以口头话语研究为主的学者，多数主张把话语划分为：话轮(a turn)〈话对〈话串。话轮指一个说话人的一番话，是最基本的结构单位。话对至少由两个话轮组合而成，并且两个话轮必须分别由不同的说话人说出；话对是会话行为的基本结构单位。若干话对的组合则称为话串。一次言语交际活动至少必须使用话对，更多的时候要使用话串。这派学者中也有

---

① 陈平《〈话语分析手册〉(第二卷)：〈话语的各个方面〉评述》，《国外语言学》1987 年第 2 期。

人认为，话语由语调单位（tone unit）组成，单位之间一般有停顿；主张以语调单位为话语的基本结构单位。

以书面话语研究为主的学者，多数主张把话语划分为：超句体＜段落＜片断＜篇章，超句体或段落是基本结构单位。少数不加区分，或统称超句体，或统称语段，或统称大于句子的语言单位，或统称篇章。

口头和书面两种形式都在研究之列的话语语言学家们，他们一般把话语划分为：小句〈主题链（topic chain 或“主题串”）〈篇章。从分析的用例看，“小句”有时相当于分句，有时相当于句子；“主题链”有时相当于复句，有时相当于句群；篇章则自段落以上通通包括在内。在这一划分中，小句是话语的基本结构单位。

Van Dijk 曾提出一个篇章结构的模式。他依据语体特征，先把篇章分为对话和独白，再把独白区分为叙述体和论证体，然后指出：叙述体的构成因素有铺陈、冲突激发、冲突发展、高潮、冲突解开、最后的悬念和结尾；论证体的构成要素有引言、论证结构、结尾，而论证结构应包括论题和论据这两个必要的成分。一些美国学者也持有相同观点。Van Dijk 还提出篇章有“宏观结构”和“微观结构”之分。一篇叙述体的小说是最大的篇章，最高层次的宏观结构，从最大的篇章到最小的篇章（一个简单句子或一个最小命题），是从宏观结构到微观结构，可以进行有层次的顺序切分。宏观结构和微观结构是相对而言的：整篇小说对于章节来说是宏观，章节是微观，章节对于片断来说则是宏观，片断是微观；余类推。两个上下相邻的篇章单位之间互为宏微，最大的宏观结构——篇章就是这样由至少两个微观结构由小到大、由下而上层层组合而成的。

(二)关于话语的篇章特征

"话语"通常指一段连续的言语整体,可以是书面也可以是口头;可以是独白也可以是对话。但是,一段连续的言语,能否成为一个整体,或者能否切分为几个整体,并具有话语的性质,这就涉及话语有哪些特征的问题。有人提出七个构成原则,也叫做构成标准作为确认话语单位必须满足的条件,它们是:表层形式连贯(cohesion)、深层意义连贯(coherence)、有目的性(intentionality)、可接受性(accptability)、信息度(in-formativity)、场合性(situationality)和篇/章际性(intertextuality)。在这七个标准中,形式连贯和意义连贯是确认话语结构单位的起码条件。在此基础上,有些学者把话语定义为"符合篇章性的七个构成标准的实际传信事件"[①],这也就是说,判断一段连续的言语是不是一个话语单位的依据,是它具备不具备篇章性特征,即七个构成标准。

(三)关于话语的关系类型

各国话语语言学家们讨论的"句际关系类型",指的是连贯话语中句子和句子之间在结构上和意义上的联系,实际上主要指组成超句体(相当于句群)的几个句子之间的联系。这里仅举几种有代表性的意见:

多数学者从语法学角度讨论超句体的结构关系类型,比如,苏联语言学家认为,俄语的句际关系类型主要有六种:

---

① 廖秋忠《〈篇章语言学导论〉简介》,《国外语言学》1987年第2期。

并列关系、对应关系、分解关系、重叠关系、分指关系和重复关系。逻辑学家 Г.Я.Солганик 则提出连贯话语的语义结构主要有两种:平行式结构和链式结构。

以研究口头对话为主的学者十分重视“相邻话对”(adjacency pair)的特征和类型。所谓“相邻话对”是指在会话中相邻的、有特定关系的两个最小话轮(“最小”指仅用一个句子)的组合。比如,问题/回答(甲:你来吗? 乙:来。),邀请/接受(甲:中午一块儿用餐吧,我请客。乙:好吧。)。这也就是说,依据所体现的行为类型可以对话语进行功能分类,诸如请求、命令、感谢、抱歉、寒暄等等。

还有一些话语语言学家,根据信息传递的情况,认为“主题进程”是话语结构的基本框架,并据以归纳话语类型。比如,捷克的语言学家 F.Danes 提出,话语结构的基本类型有五种:单线主题进程、贯穿主题进程、派生主题进程、分裂滋生主题进程和跳跃主题进程。不少德国话语语言学家也持有相同的观点。

(四)关于话语的接应手段

话语语言学把话语中大大小小单位在形式上或意义上的相互联系叫做“接应”(cohesion,或译作“形式连贯”、“衔接”)。“接应”可以分为形式连贯和意义连贯(coherence,或译作“连贯”)两个方面,不过,在语言事实中,这二者总是同时出现的。这是因为构成话语的起码条件是必须同时具备表层形式连贯和深层意义连贯。因此,各国的语言学家,无论从哪个方面探讨话语的接应,都是兼顾另一方的。此外,在归纳接应手段时,所考察的用例,绝大部分都是超句体和段落。而 Van Dijk

提出的、在微观结构中体现的“局部连贯”,正是指:“发话人用语序,连词等词法、句法、词汇手段来指示句子与句子之间的语义联系,而受话人也正是从这些手段中推断句子与句子之间的联系。”

相对来说,语言学家们在话语结构接应问题上投入较多,成果也较丰硕;这是因为话语结构接应手段是组合和切分话语的依据,是建立话语语言学的重要组成部分。德国的语言学家 Klaus Brinker 认为,话语分析中,功能分析和结构分析是相辅相成的,话语分析如果离开了结构分析也就谈不上功能分析。这可能就是各家各派都重视话语结构接应手段研究的原因吧。下面也仅举有代表性的几种。

德国语言学家把话语接应手段大致分为两种:语法接应(Grammatische Kohärenzbe)和主题接应(Thematische Kohärenzbe)。语法接应指句子和句子之间在形式和意义上的相互衔接关系,其中,最主要的语言手段是运用指代词语、重复同一词语、运用近义词语和运用表达总括概念的名词等。

苏联的语言学家认为,俄语句际的连接手段常见的主要有十种:运用连接词,运用各类代词,运用某些实词(名词、动词、形容词),运用表示时间、地点等意义的副词,运用语气词(包括从代词、副词转化来的),运用感叹词,运用数词,运用情态词,运用词语重叠和运用动词谓语的时、体对应关系。

英国的 Halliday 和 Hasan 提出英语的五种接应关系:所指(reference)、替代(substitution)、省略(ellipsis)、连接(conjunction)和词汇接应(lexical cohesion)。Quirk 等在《当代英语语法》一书中提出句子的联系手段常见的有六种:运用时间关系和地点关系的词语，运用逻辑关联词语，运用表示列举、综合、结果、改换和对比等意义的连接状语，增添修饰成分，运用同位指示词语和运用包括省略成分在内的各种代用手段（用替代形式代替名词短语、状语、短语动词）。

上面，简单介绍了国外话语语言学在话语分析中涉及"超句"的情况，可以说，我国句群研究的兴起，在不同程度上借鉴了上述成果。比如，苏联学者采用的术语"超句统一体"在60年代就已经引进我国，用以指称相当于"句群"的语言单位；在80年代讨论"大于句子的语言单位"时，这一术语还沿用过。又如，我们在探讨句群的接应手段时，最初就受到苏联的一些语言学家和 Halliday 等的启发。

后 记

1984年，上海教育出版社出版了我们合作的第一部专著《句群》，现在的这部《汉语句群》又承蒙商务印书馆应允，不久即可与读者见面。在完卷后的轻松欣慰之中，将近二十年的愉快合作、深情厚谊，一一涌上心头。

我们俩——田小琳，祖籍陕西，大学毕业于北京大学中文系，研究生毕业于山东大学中文系；吴为章，福建省人，大学毕业于复旦大学中文系，研究生毕业于南京大学中文系——既非同乡亦非同学，而且，看来性格上也有较大的差异：田小琳豁达开朗、热情善交，吴为章细致认真、处事严谨；如果再加上社会生活经历的不同……，真可以说是各有各的天地。然而，出于对语言教学与研究的关注，我们两个共同点不多的女士却走到一起来了。

那是1981年初夏，5月27—31日，在北京郊区紧挨密云水库的一个小土冈上，一间中国社会科学院所属的简陋平房里，举行了中年语法学工作者参加的“第一次语法学术讨论会”。在这个会议上，我们初次相见、未及交谈，只留下了一张与吕叔湘、朱德熙先生等在一起的生活照片——那是傍晚时分沿水库散步时大家挤在某个门洞前拍下的。紧接着的第二次见面是在7月2—12日召开的“全国语法和语法教学讨论会”（哈尔滨）上。当时，田小琳是会议业务组成员，忙于会务，我们只在报到时一见。对这个会议讨论到的、要在教学语法体系中增加有关“语段”（后来改叫“句群”）内容这一问题，吴为章十分感兴趣；会下，再次阅读了有关讨论文章，特别是田小琳的《大于句子的语言片断》（1981）。作为北京广播学院的现代汉语课教师，吴为章非常赞同“从实用的角度考虑，把语法教学从句子延伸到语段是可取的”的主张，由此萌发了探讨“语段”的意念。1982 年北京语言学会在人民大会堂隆重召开首届学术年会，吴为章带了论文《“语段”探讨》去参加；在第一天的现代汉语组论文报告会上，会议主持人王还教授提出“语段”是个大家共同感兴趣的新问题，建议先报告和讨论这个问题；果然，评议和讨论都相当热烈。在场的张志公先生因此建议会后组织一个小组来专门研究一下，并希望能有更好、更多的成果问世。后来，也是张先生认为两位女士合作也许更便于相互切磋交流才促成了我们的第一次合作。1983 年，为了我们的小册子《句群》，张志公先生曾接见我们，给予指导；胡裕树先生曾从上海来信，提供前人成果中有关资料；上海教育出版社的陆萼庭先生为它的出版耗费了不少时间和精力。如今想起，宛然在目，感激之情，油然而生。

1984 年以后，虽然我们各自都在自己的生活轨道上艰难地行进着，而且各自都有着其它方面的研究课题，但是，对于句群依然情有独钟。1986 年，田小琳编《句群和句群教学论文集》出版，1988 年，吴为章著《句群与表达》出版；同时，又都先后发表了若干专题论文。于是，在 90 年代中的一个国庆佳节期间，田小琳从香港回北京参加庆祝活动，忙里偷闲，约了吴为章到西旧帘子胡同的家里会晤。几番问安思念的话语过后，话题竟自转到句群上来……切磋心得、交换资料、确定题目、商讨大纲，决定再合作写一本《汉语句群》来反映句群作为最大的语言单位进入教学语法体系后，在教学和研究方面出现的新情况和新成果。我们希望这本书对句群的基本理论和基本知识的介绍能够更加系统和深入；对句群理论的研究和应用同相关学科之间的关系，句群知识的教学和运用同语文教学、思维训练之间的关系的看法能够合乎科学和实际。这本书包括前言和六个章节，第二、四章和第六章的第一节由田小琳撰写；前言，第一、三、五章和第六章的第二节由吴为章撰写。我们在第一次合作时就已经培养了坦诚交流、相互修正的习惯，因此，执笔上的分工绝不是“分家”。此后，无论公务家务如何繁忙，我们都尽力在做这份属于我们俩的“私活”。

1997 年 8 月 20—22 日，我们又一次奔赴京郊的密云县。还是在密云水库的近旁，昔日开会用的简陋平房和与会者居住的活动板房已经不见，我们住进了中国社会科学院盖在半山腰的宽敞舒适、颇具现代气息的招待所。在这里，当年参加“第一次语法学术讨论会”的部分人员举行了“联谊语法漫谈会”。这次会议的主要内容是畅谈多年来合作研究的友谊、讨论语法研究的前景，对于我们俩来说，合作研究的情谊更是体会至深。就在会议上，我们把《汉语句群》的编写大纲和部分样稿送给了来参加会议的张万起先生，希望得到商务印书馆的批评和支持。不久，我们得到商务印书馆汉语工具书编辑室副编审刘玲女士的通知：已经列入出版计划向上申报。《汉语句群》这样快就有了归宿，反映了出版部门，特别是像商务印书馆这样的老牌、名牌、龙头出版社，服务意识的更新和工作机制的高效，同时也是有关编辑人员付出艰辛劳动的结果。这更让我们深深感到学术合作和友情支持的可贵。

胡裕树先生多年来一直关注我们的研究课题，不时给我们以中肯的指导。尤其令我们感动的是，他带病为我们写了《序》，给了我们以学术长者的关怀与肯定。对此，我们唯有以更加努力的工作来回报。

田小琳　吴为章

1998年10月